U0599062

讲给孩子的中国考古

探索古人的
生活密码

陈淳 主编

张硕 杨理胜 执行主编

黄洋 姚玥 著

长江出版传媒 ｜ 长江少年儿童出版社

权利保留，侵权必究。

图书在版编目(CIP)数据

探索古人的生活密码 / 黄洋，姚玥著． — 武汉：长江
少年儿童出版社，2024.1
（讲给孩子的中国考古 / 陈淳主编）
ISBN 978-7-5721-2452-5

Ⅰ．①探… Ⅱ．①黄… ②姚… Ⅲ．①考古学—少儿
读物 Ⅳ．①K85-49

中国版本图书馆 CIP 数据核字(2022)第 107466 号

讲给**孩子**的**中国考古**

探索古人的生活密码

TANSUO GUREN DE SHENGHUO MIMA

黄洋 姚玥 著

出 品 人：何 龙		出版发行：长江少年儿童出版社	
总 策 划：姚 磊 胡同印		地 址：武汉市雄楚大街268号	
执行策划：邹永强		网 址：http://www.cjcpg.com	
责任编辑：陈 莎		承 印 厂：武汉新鸿业印务有限公司	
营销编辑：唐 靓		经 销：新华书店湖北发行所	
封面设计：陈 奇		开 本：720mm×1000mm 1/16	
排版设计：武汉艺唐广告有限公司		字 数：100千	
插图绘制：潘特尔文化		印 张：11.25	
图片版权：FOTOE 视觉中国		版 次：2024年1月第1版	
责任校对：莫大伟		印 次：2024年1月第1次印刷	
实习编辑：敬知玉 陈 婷		书 号：ISBN 978-7-5721-2452-5	
督 印：邱 刚 雷 恒		定 价：49.00元	

本书如有印装质量问题，可向承印厂调换。

主编：陈淳

从地下发掘历史

人事有代谢，往来成古今。我们通过祖辈的记忆，能够了解一百年以内的事情。历史能让我们触及千百年有案可稽的岁月。但是，只有考古学才能为我们洞开几千年乃至几百万年以前人类生存的景象。

一百五十年前的人们以为，历史只能从古书上了解，文字记载之前的世界笼罩在难以穿透的迷雾之中。有些饱学之士认为地球的年龄只有几千年，对于人类自身的来历充满了各种浪漫的想象，并留下了许多神话传说。

今天，我们已经能够穿透远古时代这层迷雾了。我们远祖存在的证据久埋于地下，这是一本与文字记载不同的史书，是我们祖先生活遗留下来的各种东西。有的是精心安置的墓葬，有的是失落的城市，而有的是废弃的生活垃圾。考古学家就像是历史的侦探，像寻找恐龙化石的古生物学家一样，在野外辛勤跋涉和考察，到处寻找古人有意或无意留下来的各种痕迹。然后他们将这些东西发掘出来，采用各种方法提取其中有关年代、环境、社会、经济、生活和信仰的各种信息。然后，像我们常常玩的七巧板一样，把五花八门的不同证据和信息拼合起来，从中了解古人的生活和社会的变迁，重建我们人类早已逝去的遥远历史。

考古学常被人误解成和盗墓一样的行当。盗墓的历史比考古学要早得多。盗墓是盗掘地下古董而牟利，而考古学有一套严谨的科学方法。考古学家不仅要发掘古代的各种材料和证据，还要对它们进行分析和测试，然后根据分析结果提出科学的解释。现在不少人把考古与盗墓混为一谈，这和把考古看作挖宝的错误观念有关。

今天的考古学还承担着更艰巨的任务，这是因为人们认识到，地下的考古材料能够留存至今纯属偶然。而且，就像煤炭和石油一样，它们是不可再生的资源，遗址和墓葬发掘后就不复存在。所以这门学科是以破坏地下的考古资源来重建历史。因此，除了科学研究之外，考古学家还承担着为未来而保存过去的艰巨任务。随着土地开发对地下文物的破坏，考古学家必须赶在推土机前面抢救珍贵的古代遗产。

过去，大家把考古看作是象牙塔里的高深学问。今天，考古学家需要把他们的研究成果转变为大家喜闻乐见的故事。因为，考古研究是一门需要大量资金投入的学科，常常由纳税人提供。大众的付出应该获得相应回报。时至今日，我国博物馆事业发展迅速，参观博物馆已经成为广大学生和普通民众文化生活的重要内容。而向社会公众展示考古发现的最新成果，也是考古工作者义不容辞的职责。博物馆陈列能够让观众直接触及真实历史的各种文物，提供史书上没有的生动知识。当我们参观五十万年前的周口店古人类遗址，观察他们的头骨和使用过的工具，能够产生与阅读书本完全不同的感受。置身兵马俑博物馆，我们会有回溯千年和超越时空的奇特感受。

考古学是一门多学科交叉的领域，它需要不同学科的专家来帮助分析出土的各种东西，其中包括文物和其他有价值的自然遗物。比如，要了解过去的环境气候和古人的生活方式，就需要动植物学家和环境专家来分析出土的各种动物骨骼、花粉、土壤和各种沉积物；要了解某处遗址的年代，就需要测年专家从炭屑、骨骼、岩石和树木年轮等方面来为它们断代；要了解各种古代的工具和器物，则需要石器、陶器和冶金专家来研究古人是如何制作工具的，人类的技术是如何发展的；古人类学家研究古人的骨骸，则可以了解我们今天的人类是如何从古猿演化而来，人类在几百万年里身体和智力发生了怎样的变化。

考古不但能够让我们了解祖先千百年乃至百万年以来的历

程，而且还能为我们今天的社会发展提供有用的经验。考古学实际上就是研究"生"和"死"，它的一个主题就是要探讨古代为什么有的社会很容易崩溃，而有的社会则能长盛不衰。就像今天一样，我们的祖先也经常面临食物短缺、环境退化、人口压力和社会动荡的问题，一个社会是否能够成功应对这些问题向来凶吉难卜。以史为鉴，可以知兴替。而考古学就是这样一面镜鉴。

长江少年儿童出版社出版的这套丛书是向青少年普及考古知识而做的可喜努力，它们以讲故事的方式，深入浅出地介绍考古学家如何探索过去。从今天的发展来看，虽然考古学是探索历史的一门学科，但是它必须和其他学科保持密切的伙伴关系。虽然它的研究目标和历史学相同，但是它和历史学的文献研究很不相同。考古材料自己不会说话，需要考古学家独立进行分析，并为这些材料提供解释。

《探索古人的生活密码》介绍了考古学这门学科的定义，阐明了考古学与古生物学及盗墓的根本区别。它还详述了考古学的各个分支学科和交叉领域，体现了这门学科的最新发展趋势。《考古人的十八般武艺》介绍了考古调查、发掘的方法和工具，对考古遗存进行研究的方法和技术，以及对文物资源的保护和利用。《从地下发掘的文明史》系统介绍了中国考古学的辉煌成果，特别是具有世界影响力的重大发现。这本书以时间脉络安排章节，从史前到明清，列举了十二项考古大发现，能使我们感受这门学科的丰富成果和巨大魅力。

希望同学们看完这套丛书之后，对考古学有一个初步的了解，并希望你们能成为未来的考古学家。

陈淳

2023 年 7 月 20 日

陈淳，1948 年 5 月生于上海。1978 年考入中国科学院古脊椎动物与古人类研究所攻读硕士学位，师从贾兰坡院士。毕业后入职上海大学文学院。1986 年赴加拿大麦吉尔大学人类学系攻读博士学位，1992 年毕业。1996 年入职复旦大学文物与博物馆学系，后任教授与博导，曾被评为本科教学名师和优秀研究生导师，发表和出版了许多论文、专著与译著。2018 年正式退休。2019 年被上海人类学会授予人类学终身成就奖。

　　文化凝聚着本国本民族对世界和自身的历史认知和现实感受，展现着这个国家和民族最深层的精神追求。在百万年的人类史、一万年的文化史和五千多年的文明史发展历程中，中外文明交流互鉴，中华文明体现出极具特点的连续性、创新性、统一性、包容性和和平性，形成了兼容并蓄、海纳百川的中华文明特质，迎来了马克思主义基本原理与中华优秀传统文化相结合的第二次思想解放。作为建构、印证、丰富和完善人类历史的考古学，是一门十分重要的学科；考古工作是一项重要文化事业，也是一项具有重大社会政治意义的工作。

　　中国考古走过百年历史，涌现了杰出的考古人物，积累了丰富的考古经验，发掘了大量的考古发现成果，印证了辉煌的中华文明。考古学，正是弘扬中华优秀传统文化、增强文化自信的坚强支撑。坚守中国特色、中国风格、中国气派的理论体系和话语体系，利用中国理论、中国话语、中国概念讲好中国故事，传播好中国声音，阐释好中国道路和中国经验，是新时代考古工作的重要责任。《讲给孩子的中国考古》以故事化的写作方法，通过一个个小故事引出考古基本概念和术语，介绍考古学人、考古学史、考古发掘的相关知识，让专业的知识变得风趣幽默。内容涵盖考古学理论原理、方法与工具，以及考古成果等专业知识的方方面面。青少年读者通过阅读本书，能够了解专业考古的相关知识，感受中华文明的灿烂成就，增强民族自尊心、自信心和自豪感。这套书是践行"保护第一，加强管理，挖掘价值，有效利用，让文物活起来"新时代文物工作方针的优秀读物，必将为研究和阐释好中华文明、讲好中国故事、培养更多考古人才做出重要贡献。

陈建立

2023 年 7 月 11 日

陈建立，北京大学考古文博学院教授，兼任国际冶金史大会执委会委员、中国钱币学会学术委员会委员、中国考古学会和中国科学技术史学会理事等职务，研究专长冶金考古，国家社会科学基金重大项目和国家重点研发计划项目首席专家，发表论著 200 余篇（部），参与的多项冶金遗址发掘项目获评全国十大考古新发现。

目录
Contents

第一章

什么是考古
——向着古人的秘密前进

考古不挖恐龙蛋

恐龙真是一种自带光环的神奇动物。无论是大朋友，还是小朋友，关于恐龙的玩偶、书籍或话题总能吸引他们的注意。有人甚至推测说，现代的科学技术这么发达，如果考古学家挖出了合适的恐龙蛋，就能孵化出恐龙宝宝。这事有可能发生吗？

恐龙蛋的前世今生

人们现在常说的恐龙蛋，其实是恐龙蛋的化石。大约6500万年前，恐龙大灭绝的时候，有些恐龙蛋还没有孵化出小恐龙，便被埋在了地下。这些形状不一的恐

龙蛋在地下经过漫长岁月，结构发生了变化，变得如石头一样坚硬，成为恐龙蛋化石。通过这些化石，我们知道恐龙蛋有圆形、卵圆形、椭圆形、长椭圆形和橄榄形等多种形状。这些化石早已失去活性，不能孵出恐龙宝宝了。

现代人虽然从未见过活着的恐龙，但通过研究恐龙化石的发掘地点、出土形态以及内部构造，不仅推测出了恐龙的样貌，还了解了它们的生活方式。

⬆ 三种不同形状的恐龙化石（左东辰/摄）

你肯定想不到，一些体形巨大的恐龙像小鸟一样下蛋孵宝宝时会是什么样子。在繁衍的季节，恐龙妈妈们喜欢聚集在水草丰茂的湖泊边产卵。产卵时，不同的恐龙排列蛋的方式不尽相同。产圆形蛋的恐龙喜欢先挖一个凹槽形的窝，将蛋放入其中，再扒些沙土把窝掩埋起来；产长形蛋的恐龙更喜欢先拢一个沙子堆，将蛋产在沙子堆的四周。

挖恐龙蛋可不是考古学家的活！

世界上第一个发现恐龙蛋化石的人是法国牧师波奇。1859年，他在法国南部比利牛斯省的洛口地区意外发现了一枚半径约18厘米的恐龙蛋化石。此后，世界各地陆续有大批恐龙蛋化石出土。

除了恐龙蛋，还有各种奇妙的生物在遥远的过去被埋藏在地下形成了化石，有保存在琥珀中的昆虫化石，有体重堪比一个成人的印加企鹅化石，有和小鸟一样大的巨蚂蚁化石……那么，谁负责挖掘和研究恐龙蛋这些古生物化石呢？他们有个大名鼎鼎的名称——古生物学家！古生物学家通过观察、分析古生物化石的结构与形态，就可以探知曾经有哪些神奇的动植物生活在地球上，以及这些动植物的特点和当时的生存环境。也就是说，挖恐

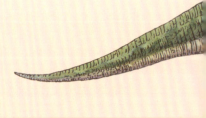

🔵 生命进化历程简图

龙蛋可不是考古学家的活儿！

那么考古学家挖什么呢？

考古学研究的是人类出现以后跟人有关的物和事。人类诞生以来发生的事情也就是距今300多万年以内的事，而恐龙大约6500万年前就灭绝了，人类压根没与恐龙见过面，所以从时间上也可以推知，考古学家的主要工作不是挖恐龙蛋。

考古学和古生物学的相似之处

考古学是研究古代的人的学问，古生物学则更钟情于古生物的发展。虽然这是两个独立的学科，但它们之间有着惊人的相似。比如考古学家和古生物学家都在努力地探索地球上已逝生命的奥秘。

他们还遵守相似的工作流程：第一，辛苦地挖"宝贝"；第二，观察这些"宝贝"；第三，把挖出来的"宝贝"根据形态分类、排序；第四，做一个"侦探"，根据"宝贝"上的信息，以及其他实物、史料等推理出古生物或者人类的发展情况。

为什么二者这么相似呢？

原来啊，相比古生物学来说，考古学只是一个"小青年"，考古学诞生时在很多方面都借鉴了古生物学。考古学经常从古生物学中"抄作业",如"挖宝"的步骤,判断"宝贝"的年龄及发展情况的常用方法等。这么看,古生物学算是考古学名副其实的"老师"了吧!

有趣的是,古人类化石可是香饽饽,受到考古学与古生物学的双重追捧。为什么呢?

因为我们人类也是一种生物啊,这样古人类化石算是可以同时跨上考古学与古生物学这两条"船",自然就受到他们的共同关注啦!

小总结

如同医生的职责是治病救人,老师的职责是教书育人一样,每一个职业都有自己的职责。考古学家负责探索人类的秘密,古生物学家负责探索古生物的奥秘。他们虽然职责不同,但都让我们更加了解曾经生活在地球上的生物,也让我们更懂得珍惜与我们一同生活在地球上的自然界的各种动植物朋友们。

考古是不是"挖宝"?

大家偶尔会在电视上看到盗墓贼挖古物去贩卖以牟取巨额利润的新闻，也会在博物馆中欣赏到一些价值连城的精美器物，知道地下埋藏着古人的许多宝贝，便由此得出一个结论：考古学家的工作其实就是挖宝。这个结论靠谱吗？

琳琅满目的窖藏

古人在躲避战争等情况下紧急搬家时，会挖个大坑将暂时无法带走的珍贵物品先埋藏起来，等有机会了再回来取。考古人员把他们埋东西的地坑称为"窖"。由于各种意外，有些主人没能再回来取走这些宝贝。千百年后，当这些窖藏的物品被考古人员发现，里面的宝贝就成为研究古人生活的重要证据。

1970年，考古人员在陕西省的何家村发现了一处唐代窖藏。

🔺 唐代镶金兽首玛瑙杯

文物级别：一级文物

材质：玉石器

工艺：雕刻

造型：杯体是模仿兽首的形状，兽首面部似牛；镶金的嘴处为酒杯的塞子，能够卸下；头上有两只弯曲的羚羊角，为杯柄。

文物级别：一级文物

材质：金银器

工艺：捶揲

造型：器壁捶作出上下两层向外凸鼓的莲花瓣纹，每层十片，上下轮廓相合。每一个莲瓣单元里都錾刻有装饰图案，上层主题是动物纹，有鸳鸯、野鸭、鹦鹉、狐狸等。下层是单一的忍冬花装饰图案。莲瓣空白处装饰飞禽和云纹。鱼子纹底。

🔺 唐代鸳鸯莲瓣纹金碗

🔺 唐代鎏金舞马衔杯纹银壶

文物级别：一级文物

材质：金银器

工艺：捶揲、焊接、模压等

造型：壶身呈扁圆形，整体造型是模仿我国古代北方游牧民族契丹族使用的皮囊壶制作而成。壶盖帽为覆式莲瓣形状，壶腹两面有两匹相互对应奋首鼓尾、衔杯匍拜的舞马形象。

何家村唐代窖藏出土器物

谁也没想到，从窖中挖出的几个罐子中竟然藏有1000多件宝贝，光是金银器皿便有271件。经过研究分析，考古人员确定这是1200多年前，一个唐代官员为了躲避战乱，在慌乱之中埋下的宝贝。通过这些闪闪发光的珍贵艺术品，我们可以想象到盛唐的繁荣景象。

价值连城的贵族墓葬

在考古现场，经常会见到古人埋葬尸体的地方，我们称其为"墓葬"。在人类漫长的历史中，由于民族传统、文化风俗、地理环境的不同，形成了各种各样的墓葬。古代的中国人"视死如生"，相信人的肉身死后灵魂不灭，灵魂在阴间仍然可以过着类似人在阳间的生活。因此人们在下葬死者时，会按照死者活着时吃穿用度的标准，在其墓葬中放置许

多陪葬品。这些陪葬品包括死者生前使用的日用品和其他各种心爱的物件，供死者在另一个世界继续使用；有时还包括大量的人俑，作用是在另一个世界服侍死者。

比如在湖南省长沙市的马王堆汉墓、河北省保定市的满城汉墓、北京市的大葆台西汉墓等贵族墓葬中，考古人员发掘出了大

⬇ 马王堆汉墓辛追墓出土的木俑

辛追墓木俑出土照
PHOTO OF WOODEN FIGURINES FROM
XIN ZHUI'S TOMB AT TIME OF UNEARTHING

量精美的瓷器、玉器、金银首饰、人俑等。这些器物被发掘出来后，陈列在博物馆，令参观的人们赞叹不已。

贵族墓葬通常规模宏大，有的就像一个地下宫殿，里面除了放置着大量金光闪闪、价值连城的金银器具或珠宝饰品，各式各样的精美丝织物品，还有豪华的马车等交通工具，或者用陶俑组成的千军万马……所以墓葬也是"藏宝地"，墓葬中财富的多少与死者生前的地位息息相关。

古人的"垃圾坑"——灰坑

贵族的墓葬中常常含有价值连城的随葬品，而穷人的墓葬中有时连一口木棺都没有，随葬品仅仅是几件粗糙的陶器。所以考古人员不一定每次都能挖到昂贵的宝贝，有时候挖的就是一些残

河南省漯河市郝家台遗址地层实拍图（左冬辰/摄）

整个剖面显示，自下而上有九层地层堆积，八个灰坑，两座墓葬，一处柱洞等，记录了该遗址从龙山文化至二里头文化时期的古人类活动。

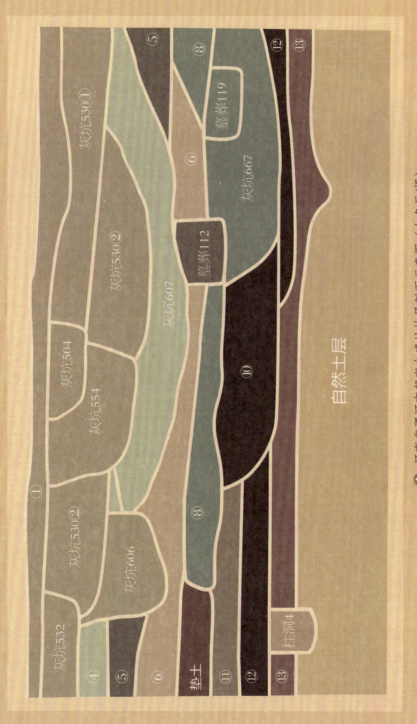

↑ 河南省漯河市郝家台遗址地层剖面示意图（左冬辰/摄）

①至④层是新石器时期文化层，⑤至⑩层是龙山时期文化层，最下层是自然土层。

灰坑530①
灰坑530②
灰坑607
灰坑504
灰坑554
灰坑606
灰坑532
灰坑667
墓葬119
墓葬112
柱洞4
垫土
自然土层

①
④
⑤
⑥
⑧
⑩
⑪
⑫
⑬

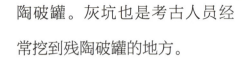

陶破罐。灰坑也是考古人员经常挖到残陶破罐的地方。

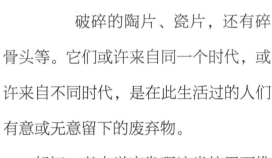

在田野考古中，考古人员有时候会在地面找到像坑一样的遗迹。坑里边除了有破碎的陶片、瓷片，还有碎骨头等。它们或许来自同一个时代，或许来自不同时代，是在此生活过的人们有意或无意留下的废弃物。

起初，考古学家发现这类坑里面堆积的土总是灰色的，所以给它们起了个既朴实又有趣的名字——"灰坑"。实际上，并非所有坑的堆积都是灰色的。

虽然有着接地气的名字，但灰坑的"前世"可不一般。它们的成因各不相同，最初可能是古代的水井，也可能是古人祭祀用的祭祀坑，只不过后来被废弃不用了，成为后人用来扔废弃物的场地；还有可能开始就是古人专门用来填埋垃圾的场地。不管灰坑原先是什么样子，考古学家看到的时候，它都像是古人的"垃圾坑"。

古人的"黑科技"——火塘

在人类进化的早期，人类也像动物一样吃生的食物、喝冷的水。人类掌握火之后，生活方式便发生了巨大变化。人类不仅可以用火取暖、驱赶野兽，更能用火加工出美味的熟食。所以对早期人类来说，保存火种是非常重要的事情。在日常生活中，远古祖先们善于总结经验教训，用聪明才智发明了"火塘"。

火塘不仅可以保存火种，还方便古人调节火的大小，成为古人生火做饭用的"炉灶"，可以说是古人的"黑科技"。在河南省

四川省平武县虎牙藏族乡高山堡村一位主妇在用火塘做饭（刘筱林/摄）

栾川县的龙泉洞遗址，考古学家发现了3万～4万年前古人用石头垒砌的火塘。聪明的人类祖先在地上用石头围成圆形，当作炉壁，在中间保存火种，然后利用石头的摆放位置调节炉火的大小。考古学家曾经进行过实验，在这样的火塘中，即使火苗看起来熄灭了，但过一段时间后火种仍然可以被重新引燃。

火塘从未退出人们的日常生活，一直到今天，我国西南的一些少数民族日常仍然使用火塘烧火做饭。

小总结

考古可不是只挖价值连城的贵族随葬品，貌似毫不起眼的破陶碎瓦，还有古人烧火做饭的遗迹，都是考古人员挖掘和研究的对象。可以说，考古不是挖宝。但是，不论考古挖掘出来的东西"长"得好不好看、材质是否珍贵，其中都蕴含着丰富的文化信息，凝聚着无价的人类智慧，是考古学家复原古代社会、解密古代人类生活的钥匙。考古学家给挖掘出来的这些东西取了一个专业的名字——文物。在考古人眼里，这些文物通通都是宝贝。所以，也可以这样说：对考古人来说，考古就是挖宝。

考古到底"挖"什么?

　　原来不管是金玉器物,还是破陶碎瓦,在考古学家的眼里,这些都是宝贝。那么,他们在这些宝贝身上能找到什么蛛丝马迹呢?又能发现古人的什么秘密呢?

各种各样的文物

　　考古挖掘出的文物种类极其丰富,大小、外形也各不相同。它可能是一座占地几百平方米的庞大宫殿,也可能是一个可以拿在手中把玩的小玩意。

　　以是否"搬得动"为标准,可以将文物大致区分为"遗物"与"遗迹"两类:可以搬动的称"遗物",搬不动的是"遗迹"。

　　第一类,古人的遗骸及古人制作、使用的各种东西,通常被称为"遗物"。大部分遗物来自古人日常生活中使用的各种物件,比如用于衣食住行的服装饰品、锅碗瓢盆、家具马车,用于祭祀

🔸 唐三彩梳妆女坐俑

的祭品、礼器，用于娱乐消遣的琴棋书画等。可以推知，人们熟知的气势恢宏的商代青铜器后母戊鼎、反映中国汉字从篆书向隶书转变的秦代《云梦睡虎地秦简》、色彩炫丽的唐代陶器唐三彩、包罗众生相的北宋风俗画《清明上河图》等通通属于遗物。

　　第二类，与古人相关的不能搬动的东西，称为"遗迹"。那么，哪些东西搬不动呢？比如古人在甘肃省敦煌市莫高窟墙壁上留下了精美壁画，我们不能移动这些壁画，这些壁画便是遗迹。唐代修建了占地面积约3.5平方千米的气势恢宏的大明宫，唐朝灭亡后，这里大量装饰精美的宫殿被烧毁，留下了残破的砖瓦与地基。这些搬不走的地基便是遗迹。还有前文提到的古人的"垃圾坑"——灰坑，由于它们保留了古人的生活痕迹，记录了古人的生活情况，且搬不走，所以也是遗迹。

🔽 敦煌壁画——北魏《鹿王本生图》局部

"遗" 家族大比拼

在考古学中，很多术语都以"遗"字开头。除了"遗物"和"遗迹"，"遗"家族还有不少成员，如"遗址""遗存""遗产"，它们和"遗物""遗迹"都是亲戚。

"遗址"是特殊的"遗迹"。它专门用于形容有一定范围的、大面积的、不能被搬动的遗迹。如陕西省西安市的秦始皇陵兵马俑坑，便被叫作"遗址"。有资料显示，秦始皇陵是中国古代规模最大、结构最复杂、埋藏最丰富的帝王陵墓。1974年兵马俑坑

🔻 秦始皇陵兵马俑坑遗址局部

的发现被誉为20世纪世界考古史上的重大成就。1987年，秦始皇陵（含兵马俑）被联合国教科文组织列入《世界遗产名录》。世界遗产委员会评价："秦兵马俑是全世界现实主义的完美杰作，是同埃及金字塔和古希腊雕塑相媲美的世界人类文化宝贵财富。"

"遗存"相当于"遗"家族的大家长。在考古学中，我们把"遗物"与"遗迹"合称为"遗存"。

再说说遗产。一看到"遗产"这个词语，大家很容易联想到爸爸妈妈或者爷爷奶奶给子孙留下的财产。其实，在考古学中，"遗产"不是指财产，而是指古人留给今人的可以传承的东西或者技艺。它也被称为"文化遗产"。比如高大的埃及金字塔是遗产，珍贵的元代青花瓷是遗产，而古代工匠用木头盖房子的技术也是宝贵的遗产。

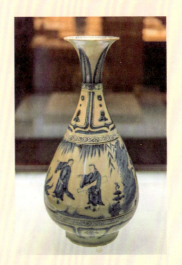

⬆ 元代青花人物纹玉壶春瓶

用文物复原历史

考古工作者发现文物后，便要化身为一名侦探，从老祖宗留下的庞然大物或是蛛丝马迹中寻找线索，替沉默的文物发言，将古人的生活状况复原出来，把祖先想说的话转达给今天的人们。

20世纪20年代，考古学家在北京市房山区周口店龙骨山的洞穴里发现了大量形状各异的骨骼、石块。

考古学家使用先进的测年技术推算这些骨骼的年龄。他们惊讶地发现，这竟是距今50万～20万年的猿人骨骼化石！

考古学家为此大受鼓舞，对发掘出的石块也进行了研究。这些石块并不像寻常的石头，而是一些棱角分明、明显经过人类加工的石块。原来这些石块是远古猿人遗留下来的生产和生活工具。由此看来，远古时候的人类已经懂得将随处可见的坚硬材料加工为生活用品，提升自己的幸福指数了。

20世纪30~60年代，考古学家陆续在周口店发掘出了一些北京人头盖骨化石。这让现代人可以直观了解北京人头盖骨的形状，并由此进一步了解北京人的长相。

◀ 旧石器时代早期（距今约50万~20万年）北京人头盖骨复制品

再比如，大约50年前，考古学家在青海省马家窑遗址挖掘出了一件舞蹈纹彩陶盆。外形像我们日常的洗脸盆，陶制的，直径与中等个头的西瓜差不多，高

⬆ 马家窑文化舞蹈纹彩陶盆

14.1厘米，口径28厘米，底径10厘米。通体橘红色，美艳精致，内侧盆沿有一排小人手拉着手在欢快地舞蹈。这是目前发现的中国最早的舞蹈绘画，记录了约5000年前的一场舞会。

根据这件小小的陶盆，考古学家不仅可以推断出居住在那里的先民过着群居形式的生活、具有捏制陶器的本领，还知道他们喜欢快乐地舞蹈。

看了这些，是不是觉得考古学家神通广大，可以复原古人的生活状态？其实，考古学家也是普通人，并非有什么特异功能，但是他们勤奋好学，掌握了一系列科学的研究方法，通过分析文物的造型、纹饰、材质、制作工艺、用途，提取和分析文物上的信息，使得各种文物"开口说话"，讲述古代人类生产生活的故事。

小总结

　　即使是一块微不足道的石头，也可能承载着整个人类文明向前迈进的一大步。正如英国考古学家惠勒所说："考古学家要发掘出古代的人，而不仅仅是发掘出古代的文物。"也就是说，考古要挖的不仅仅是古人留下的遗迹和遗物；更重要的是，考古工作者要通过遗迹和遗物研究古代社会和人类行为，挖掘出人类的历史。

考古人和盗墓贼的天壤之别

古代贵族的墓葬里有着丰富的随葬品，在现代考古学建立起来之前，最常光顾这些墓葬的人就是盗墓贼。一些热门的盗墓小说融合了探险、悬疑、奇幻等多种元素，故事生动、引人入胜，让读者对盗墓产生无限遐想。盗墓贼是怎么找到古墓的？考古人与盗墓贼有啥不同？

层出不穷的盗墓贼

古人喜欢在墓葬里放置随葬品，帝王将相的随葬品尤其丰富，很多宝贝价值连城。这些价值连城的宝贝就像散发着香味的美食，吸引了饥饿的盗墓贼。

盗墓贼就是以盗取古墓中的随葬品牟利的人。他们才不会管古墓的研究价值，常用野蛮的方式破坏墓葬，比如打盗洞；然后将盗掘的珍贵文物倒卖，以此获得钱财。

盗墓并非新鲜事。你绝对想不到，至少在2000多年前就有人在盗墓了。考古学家发现，秦始皇陵在2000多年前的古代便遭到了盗掘，还被人放了把火。

在漫长的历史长河中，盗墓虽受到社会的谴责，但屡禁不止。盗墓贼中竟然还发展出了帮派，他们以长江为界划分成了南、北两派。这些盗墓组织约定各自占有一定范围的"领地"，互相不能侵犯。北派的盗墓贼擅长巧用力气，他们创造出的探墓工具——"洛阳铲"方便实用，现已成为专业的考古工具。南派盗墓贼参考中医，总结出了寻找墓葬的

这三更半夜的，不会有人经过吧？

大伙动作快点儿。大墓就在前面！

"望""闻""问""切"四法。

　　盗墓贼还有许多奇奇怪怪的"小名"。你一定想不到，"摸金校尉""土夫子"等词竟然也指的是盗墓贼。

　　"校尉"是中国古代的一种武官称谓，"摸金校尉"便是专门"收集金钱"的校尉。可是，军官是怎么收集金钱的呢？又是谁设立的这个职位呢？这得从一代枭雄曹操说起。曹操是东汉末年的权相，三国时期魏国的奠基者。有史料记载，曹操在起兵争夺天下时，因缺乏费用，便把主意打到了前人的墓上。他曾经亲自指挥人员盗掘汉代梁孝王的陵墓，取走了大量财宝。同时，他还在军队中设置了负责盗墓的官职——摸金校尉，专门组织盗墓。曹操是否真的做过这些事，虽难以考证，但"摸金校尉"这一称谓就此流传下来。

再说说"土夫子"。通常情况下，"夫子"是对年长而有学问的人的尊称，比如人们常称一代圣贤孔子为"孔夫子"。但"土夫子"与擅长教书育人的"孔夫子"不是一回事。在民国时期的长沙，家家户户都需要烧煤炭做饭。人们为了让煤炭更耐烧，常常在煤炭中加入黄泥土。于是有人专门去郊区山丘上拉黄泥土到街上贩卖，以养家糊口。从事卖黄泥土职业的人便被人们称为"土夫子"。在长年累月的卖土经历中，这些"土夫子"逐渐发现，从有些泥坑挖出的土比从别处挖出的土掺入煤炭后，煤炭更耐烧，而且在这些泥坑取土，偶尔还能挖出一些零散的古董物件。一来二去，他们练就了一双辨别土质的火

呃……我可不是教书的那个夫子……

土夫子，教教我吧！

眼金睛，一眼便能看出哪些地方的土掺入煤炭更好，还有可能在那里挖到古董。这些古董大多来自古人的墓葬，是古人的随葬品。凭借着丰富的经验，这些土夫子身上如同装有"古墓探测仪"一般，轻而易举便能找到古墓。渐渐地，"土夫子"们也经受不住财宝的诱惑，开始干起盗墓的勾当。由此，湖南人称这些靠识别黄土起家的盗墓贼为"土夫子"。

如今，我国法律已经明确规定盗墓是违法行为，但仍有人在想尽办法盗墓。小说中的盗墓贼武艺高强，能飞檐走壁，在各种陷阱中穿梭自如，如大侠一样潇洒。但现实中的盗墓贼却像老鼠躲着猫一般躲着警察，他们的最终结局往往是接受法律的审判。

警察叔叔，我再也不敢了……

防盗有奇招

千百年来，盗墓事件层出不穷，所以历朝历代的达官显贵也在想尽办法防盗。"防盗"和"盗墓"就像一对孪生兄弟，同生同长，技艺在博弈的过程中都有所提升。总的说来，古人防盗的方法大致可以归纳为三种。

第一种，对外宣传墓葬中没有宝贝。比如江苏省徐州市的西汉楚襄王墓石碑上写着这位2000多年前的诸侯王留给盗墓贼的话，大意是：我对天发誓，我的墓葬中没有华丽的陪葬。后人看到我的

遗言一定会为我感到悲伤，觉得没有必要挖这座墓。

第二种，做好墓葬的掩护与保护，让贼无处可挖。传闻元朝皇帝喜欢将粗大的树干刨开，做成树棺，让自己永远栖息在大树

中。指挥官安排人将"大树"下葬到事先挖好的土坑中，再命人用土把下葬处夯平，然后派骑兵在墓葬上方的土地上来回奔驰，利用马蹄的反复踩踏使地面恢复到挖开前平整的样子。等到来年墓地上青草葱葱，再也看不出下葬的痕迹，军队才离去。这种方法确实管用，直到现在，考古人员也没有找到一位元朝皇帝的埋葬之处。

第三种，为墓葬穿上"金钟罩"，让盗墓贼挖不动。

古人有时候会把墓葬当成个大包裹，用不同材质将墓葬包裹上好几层，任谁也凿不开。比如在湖北省随州市发现的战国早期的曾侯乙墓，墓葬外壁贴着30厘米厚的大石板，然后依次裹了一层青膏泥、一层黄褐土，这些泥土经过使劲捶打后变得非常结实，

我的简历

- **姓名：**曾侯乙墓
- **墓主人：**战国早期周王族诸侯国曾国国君
- **出生地点：**湖北省随州市
- **开始挖掘时间：**1978年5月11日
- **代表器物：**曾侯乙编钟
- **防盗指数：**★★★★★

↑ 曾侯乙墓发掘现场图（李晓容/摄）

在更外一层，又堆有大量黄土。这样盗墓贼即使发现了墓葬所在地，也很难挖开墓葬。

积沙是最常见的防盗方法。积沙是指在墓室外放置大量的沙子，让整个墓室都处于"沙盒"中。如果盗墓贼挖了一个盗洞，松软流动的沙子便会将盗洞自动填满，从而阻止盗墓贼进入墓室。考古工作者在河南省辉县发掘战国时期的魏王墓时，便同时挖出了1000多立方米的沙子，积沙防盗的工程量之大可想而知。

三国之后，便出现了先用石头在墓葬外筑墙、再用铜铁液体浇铸墓葬的防盗方法，这使陵墓变成了真正的"铜墙铁壁"。唐代唐高宗与武则天的合葬墓乾陵，地宫大门和墓道全都是用几吨重的大石头堆积筑成，然后由工匠往石头缝灌入铁水，这"铜墙铁壁"任谁也凿不开。一直到今天，乾陵地宫仍未被盗掘。

尽管有些防盗手段没能完全遏制盗墓贼的脚步，但是多少也给盗墓贼盗墓制造了难度，有效保护了部分墓葬。这也为考古人员留下了更多探索历史真相的线索，让后人有机会了解祖先的生活状态，进一步理解我们源远流长的中华文化。

考古人"主动发掘"帝王墓的遗憾

定陵是明朝万历皇帝的墓葬，坐落在北京市昌平区天寿山的脚下，是明代十三座帝王陵中的一座。它从 1584 年开始修建，

明定陵地下宫殿中摆着存放随葬品的箱子（石言/摄）

整整用了6年时间才完工，足足花了800万两白银。它气派恢宏极了！占地达到18万平方米，有23个足球场那么大。

在地面上，定陵是一个宏伟的宫殿群，有金灿灿的琉璃瓦和红色的宫墙。在地面之下，定陵还有庞大的地宫，这是用砖头修建起来的封闭的大房子。万历帝与两位皇后便安眠在此，他们身边还有众多珍贵的艺术品。

从1956年开始，中国的考古工作者对定陵进行了主动发掘。他们小心翼翼地走进地宫后，被眼前无数的珍宝惊呆了！

地宫中有成排的木头箱子，里边分门别类地塞满了价值连城的随葬品。箱子里有纯金的礼器，如金盆、金爵等，还有成堆的珍贵瓷器，还有用金丝与珠宝打造的皇帝金冠与皇后凤冠，闪闪发光。最难得的是，封闭的地下宫殿使随葬的绫罗绸缎保存得完好无损。各式的布料与衣服，颜色丰富而艳丽。有的布匹上竟然

⬇ 定陵出土的凤袍

◀ 定陵出土的明
万历皇帝金冠

定陵出土的明 ➤
孝端皇后凤冠

⬆ 定陵出土的金盖玉碗

有二三十种颜色，图案更是五花八门，仙桃、飞龙、云鹤、梅花、菊花……应有尽有。

可惜的是，正当考古工作者们惊叹不已的时候，意外发生了。由于当时没有很好的科技保护手段，打开墓室后，许多随葬品很快便被氧化了。龙袍、霞帔、裙子等很快失去了丰富的色彩，变成了暗淡的棕黄色。

定陵的发掘因此成了中国人永远的遗憾。

其实，大家熟知的秦始皇兵马俑有些原本也不是"灰头土

脸"的，而是五颜六色的，但是因埋在地下过久而褪色了。即使有些留有彩绘，但出土后与氧气相遇，马上就变为白灰色了。

无数珍品的损坏启示考古工作者，在考古保护技术并未发展成熟的时候，也许让这些珍宝在地下沉睡是最好的选择。所以，为了更好地保护祖先留下的珍宝，我国考古发掘并不是"随心所欲"地挖。我国考古现在坚持的基本方针之一就是：不主动发掘帝王陵墓。

考古人争分夺秒"被动发掘"

"不主动发掘帝王陵墓"并不是不能挖掘帝王陵墓，而是强调，在墓葬保护良好的情况下不能贸然主动开挖。在现实中，许多墓葬因为各种原因遭到破坏，这便要求考古工作者尽早发掘这些墓葬，"抢救"文物。这被称为"被动发掘"。

被动发掘的缘由也是五花八门：盗墓贼把墓葬挖了个大洞，盗走了不少宝物，墓葬被严重破坏了；人们在建房子、修高速、造大坝等时偶然发现了珍贵的墓葬，而且由于土地的开发，墓葬不能原地保护了；甚至农民伯伯在耕地时都有可能破坏田地里的墓葬……这些墓葬都需要赶紧发掘。

2011 年，在江西省南昌市一个名叫观西村的小村子里，村民向民警反映，村子的山包上被盗墓贼打了个大洞。考古部门了解到这一情况后紧急对此地进行了抢救发掘。

谁也没想到，这片土地下竟然隐藏着一座2000多年前的诸侯王陵墓——西汉海昏侯刘贺墓。刘贺曾经是西汉王朝的皇帝，后被贬为海昏侯，远赴南方的封国居住。他虽然丢了皇帝宝座，可没忘记带上积攒多年的宝贝。所以，海昏侯墓中的珍宝远比一般诸侯王的要多。

从这些五花八门的珍宝可以看出，刘贺的生活品质非常高。他吃饭时用青铜火锅涮肉，手握套装漆器喝酒，还可以听到青铜编钟演奏的清脆钟声；梳洗时照着镶嵌着玛瑙与绿松石的镜子；出门便乘坐装饰着金银的豪华马车……

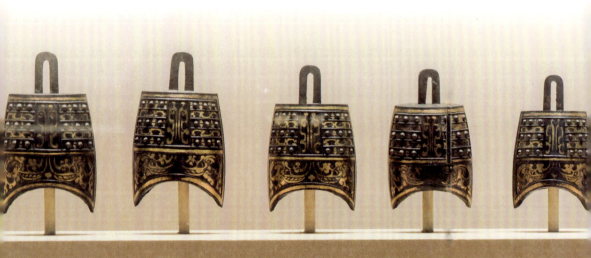

⬆ 海昏侯墓出土的卧虎形青铜编钟底座
（聂鸣/摄）

⬆ 海昏侯墓出土的青铜镜
（樊甲山/摄）

　　刘贺的富有不仅仅体现在他的吃穿用度上，在他墓葬的库房内，考古人员还发现了真金实银的巨额财产。库房里，除了10余吨的铜钱，还有大量形状各异的闪闪发光的金子。金子被做成了马蹄形、麟趾状、饼状、块状等各种样式。

⬇ 海昏侯墓出土的编钟（阎建华/摄）

↑ 海昏侯墓出土的"海"字铜印

↑ 海昏侯墓出土的青铜雁鱼灯

↑ 海昏侯墓出土的金板

↑ 海昏侯墓出土的麟趾金

↑ 海昏侯墓出土的马蹄金

↑ 海昏侯墓出土的金饼

刘贺不仅喜欢金银珠宝，也热爱文化。和大多数朋友一样，他也有自己的偶像，那便是大家耳熟能详的孔子。考古学家怎么知道的呢？原来啊，在刘贺的墓室中，考古人员发现了一架珍贵的漆器屏风，上面绘制着孔子画像，记录了孔子的生平。看来古今的追星方式都差不多，偶像的海报是少不了的。

从墓葬出土的各种精妙绝伦的器物中，我们可以窥探到刘贺的奢侈生活；也不禁感叹，两千多年前老祖宗的器物制作技术是多么高超啊！

当下，我国的考古工作更注重"被动发掘"，所以不少考古人员看起来像个急诊科医生。他们一直在与时间赛跑，拼命从盗墓贼、推土机"手下"抢救文物。

小总结

发掘墓葬时，考古人会严格遵守科学的发掘规范，整体考量整个遗址的状况，绝对不会如盗墓贼一样将墓葬毁得七零八碎。而且考古工作者必须将发掘出的物品上交国家，不会像盗墓贼那样把盗窃的文物倒卖掉，换钱供自己享乐。我们在各个博物馆中看到的精美文物，大多数都是考古工作者辛勤工作的成果。考古人挖墓的价值感来源于解读文物上的历史信息，而不是倒卖文物。他们将毕生精力奉献给考古工作，称得上是文物的"守护天使"，而盗墓贼却是文物的"终极杀手"。

第二章

遁地入海考古人
——考古人要练好基本功

考古学中的"老大哥"：田野考古

看来，盗墓始终不是正经行当，大家如果对古人的生活感兴趣，想探究古人生活的秘密，还是得加入合法合规的考古大军啊！那么，想成为一名合格的考古人员，得具备哪些基本能力呢？

田野考古的"行动指南"

考古工作者是代表国家，对文物进行挖掘、保护、收藏、研究的专业技术人员。他们不仅要把文物从土里"挖"出来，让文物重见天日；还要对文物进行保护，避免它们损坏和遗失；更要对挖出来的文物进行研究，让文物"说话"。所以，用"挖土"一词来概括考古人员的工作可太小瞧他们了，用专业的考古术语来讲，应该是"发掘"。

在发掘之前，考古人员一定要制订一个科学的计划，在获得国家文物局许可发掘的执照后才能开挖。而且，他们在田野发掘时，可不能随心所欲乱挖一通，得按照专业的技术指导和规定——《田野考古工作规程》开展工作。这本《田野考古工作规程》就相当于考古人的武林秘籍，考古新手人手一本。考古人员若在发掘工作中遇到疑惑，翻一翻它，问题八成都能解决。

《田野考古工作规程》是国家文物局依据《中华人民共和国文物保护法》，结合许多田野考古的实践经验，为田野考古工作者编写的考古操作指南，内容具体、操作性强。它不仅包括挖掘

我的简历

- **姓名：**《田野考古工作规程》
- **作者：**国家文物局
- **出版时间：**2009年4月
- **出版社：**文物出版社
- **外号：**考古新手必备

田野考古工作规程

国家文物局

文物出版社

的具体流程，还包括开挖前如何选定考古队长，开挖后如何整理资料、撰写考古报告等。而且这本指南还富有人情味，贴心地提示考古队员外出时要带足药品、注意安全。

下面我们就一起进入田野考古的神秘领地吧！

田野考古发掘"四步走"

正如我国著名的考古学家夏鼐先生所说："考古工作者的水平和成绩如何，主要不是看他发掘出什么东西，而是要看他用什么方法发掘出这些东西而定。"田野考古发掘有了科学的发掘方法和严格的操作规程，田野考古学才算得上成年，成为一门成熟的学科。那么，田野考古的发掘流程是怎样的呢？

根据《田野考古工作规程》，田野考古的发掘过程大致分为四步：

第一步，找到地点。即根据考古勘探确定遗址的位置与范围，做好发掘的准备工作。这时候不仅需要实地考察，扛着考古工具——洛阳铲，用它探测地下哪里有遗存，还需要提前做好文献工作，查阅记录当地历史的地方志。如果当地的地名中出现了"陵""墓""坟"等字眼，就要重点关注，说不定当地的地下真的有重要墓葬。

第二步，开始发掘。探方发掘法是普遍使用的工作方法。考

古人员把发掘的区域分成许多面积相等的方格子，这些方格子就是"探方"。划分好探方后，田野考古工作者可以分别负责不同的探方，在各自的探方里同时进行发掘，从而大大提升工作效率。他们在各自的"领地"里"挖土"时，通常会提前商量好同一时段向下发掘的深度，以保证进度一致。

不同时期的地层会不一样。一般距今时间越长的地层会越靠下，一层一层的地层像千层饼一样叠压在一起，组成我们的大地。田野工作的重要任务便是找到不同地层的临界面，搞清楚每一个地层对应的不同时间。所以，考古工作者的首要工作就是小心翼翼地拿着手铲对探方内的土地进行刮面，像抹平奶油蛋糕一般，把探方内刮得较为平整，努力辨认不同的土层。

第三步，提取遗物。当出现遗存或者出现新地层时，就要进行测量、绘制、摄影等工作，给文物拍好"出生"后的第一张照片，记录好文物"出生"的位置信息。不同材质、不同地层的文物都会保存在不同的小袋子里，等待下一步的精细处理。

第四步，整理与研究。田野考古工作者在结束一天的体力活后，会秉着"今日事，今日毕"的原则，继续挑灯夜战。除了每日撰写发掘日记外，考古工作者有时候还要去库房整理刚刚重见天日的文物，为它们"洗洗澡"，或者为它们绘制"画像"；有时候要为遗迹制作3D图像；有时候还要在采集的土壤样本中浮选动植物遗存……

田野考古发掘工作讲究科学和严谨，测绘、记录的每一个点都关系到文物的安全与后期研究的准确性，容不得丝毫差错。国家文物局如同"奖罚分明"的法官一样，一直监督着考古发掘，看大家的工作是否规范。自 1993 年来，国家文物局会给发掘过程科学严谨、质量较高的考古工作授予"田野考古奖"，同时也会对考古过程中的违规操作进行通报批评，甚至处罚。

早期考古的挖宝故事

在科学的考古学发掘方法诞生以前，无论在西方还是在中国，考古确实有"挖宝"的嫌疑。

意大利庞贝古城因公元 79 年维苏威火山爆发而被掩埋，1748 年考古人员开始对庞贝古城进行发掘，起初的发掘工作就是"挖宝式"的。人们没有什么发掘规划，也没有保护古城的意识，只是把值钱的艺术品从古城里挖出来带走。直到 1863 年，意大利考古学家菲奥雷利改变了发掘方法，考古人员对遗存的保护情况才有所改观。

20 世纪初的中国考古学也存在"挖宝"的情况。1928 年，著名考古学家董作宾作为负责人，指挥团队对中外闻名的安阳殷墟进行第一次发掘。董作宾没有接受过考古学的正规训练，在发掘时对文物的价值没有充分的认识，仍沿袭古董商的旧方法，就地挖坑，从上到下，只收集自己需要的甲骨，对出土的陶片、人骨等不管不问，也没有对挖掘的土层特点及出土文物进行精确的描述和绘制。

田野考古人的十八般武艺

在实际生活中，想成为一名合格的田野考古人，掌握专业的考古知识只是基本功，还得精通十八般武艺才行。

一是绘图技能。无论是发现精美的画像砖，还是挖掘出复杂的地层剖面，考古人都需要在第一时间绘制出这些遗存的图像。不同于艺术家可以自由地发挥其想象力进行创作，考古人绘图得丝毫不差地反映文物本身的面貌。考古人绘图时不仅要仔细观察，还要有十足的耐心，毕竟绘制一件文物图花上大半天时间是常有的事。

二是实验能力。田野考古人需要上得"实验室"，下得"探方"，就得具备操作各种考古所需仪器的动手能力。除了洛阳铲、手铲这些基础工具，考古人用到的仪器还真不少。仅仅绘图一项工作，考古人就得会使用水平仪、罗盘等工具，有时候可能还需用到无人机、摄像机等……

三是野外生存能力。在荒无人烟的田野里"挖"文物，就像是经历一场"野外求生"。推车、刨土、做饭那是必备技能，有时还要面对修电路等其他专业问题的考验。此外，好的身体素质也必不可少，如独立勘探时，考古人得背着沉重的器材爬山越岭，这会耗费巨大的体力。

四是强大的心理素质与职业素养。除了面对风吹

日晒的艰苦工作条件，田野考古人还需耐得住寂寞。有时候，他们得一整天独自待在自己的探方中，枯燥地重复刮面的动作；有时候，他们得在网络和交通不便的挖掘地独自坚守好几十天。当价值连城的文物出土时，考古人除了自己不能将国宝据为己有，有时还需与贪婪的盗墓贼斗智斗勇，防止国宝被盗。

除了以上这些能力，田野考古人还要结合工作中的实际情况，不断总结经验教训，改善和创新考古发掘方法，练成新的武艺，以便更好地保护文物和更准确地探知有关古人生活的奥秘。

当之无愧的"老大哥"

其实，考古学是个大家族，除了田野考古，还有水下考古、美术考古、动物考古、环境考古等。它们分别针对不同的领域，

共同为我们揭开人类历史，全方位地展示古人的生活状态。而田野考古可以视为考古学的基础，是其他考古分支的"老大哥"。为什么这么说呢？

这是因为其他考古分支的研究工作，要么需要依赖田野考古挖掘出的东西及东西挖出的地点，要么需要借鉴田野考古的发掘方法，与田野考古有千丝万缕的联系。比如对于美术考古来说，要研究文物的"美貌"，就不能只关注文物充满艺术性的美丽外表，还要了解文物是在哪挖出来的，是否是在墓葬里，与它同时被挖出的"小伙伴"还有谁。通过田野考古的发掘工作，可以确

定这件文物的来历和"朋友圈",考古学家顺藤摸瓜,才能知道这件美丽的文物是在哪个朝代流行的,当时的人为什么认为这样的造型是美的……可以说,没有田野考古,其他考古工作都将是空中楼阁。

小总结

　　田野考古工作者不能像传说中的盗墓者那般飞檐走壁、潇洒自如,他们经常是扎根在黄土里,长时间保持蹲着、跪着等姿势小心翼翼地发掘文物。一把手铲、一顶草帽、一支笔、一个笔记本,便撑起整个考古学科的根基。他们通过研究一件件文物,去窥探历史的奥秘,工作朴素而伟大。田野考古技能像是考古学入门的基本功,大部分著名的考古学家无论最终从事哪个分支的考古工作,都经历了严格的田野考古训练。但是田野考古这个"老大哥"从未居功自傲,而是始终保持着谦虚的心态,不断更新自我,力争创新,寻求进步。

向着海洋出发：水下考古

古籍《物原·器原》中记载："伏羲始乘桴，轩辕作舟楫。"伏羲和轩辕都是中华民族的祖先。由此可见，自中华民族发展之始，江河湖泊就留下了先民的足迹。此外，曾经的桑田也可能变成沧海，使得先民在陆上生活的痕迹被水淹没。那么，考古学家怎样才能从水下发现先民的秘密呢？

探寻水中的奥秘

根据前文的介绍，我们知道了陆地上的"挖宝"靠的是田野考古。那么探究遗留在水里的各种宝贝是谁的职责呢？这时轮到水下考古人登场啦！水下考古运用了新的方法，将传统考古学的领地扩展到水中。它的领地不仅是大海，只要与水沾边的地方，通通与它相关，所以，海底、河底、湖底都是水下考古的工作领地。水下考古队员要对水下的宝贝进行科学全面的勘探、发

🔺 潜水员带着金属探测器在水下寻找宝藏

掘、记录，从那些沉睡在水下的珍宝中探究人类发展的奥秘。

很多年以前，探险家就对水下遗存充满了热情。与早期"挖宝"式的田野考古一样，他们的探索也像一场寻宝之旅，并不能真正称为水下考古。受当时技术条件的影响，他们并没有对挖掘或打捞工作做好科学的记录与研究。直到1960年夏天，美国考古学家乔治·巴斯率领着宾夕法尼亚大学博物馆考古队在土耳其发掘了一艘公元前1200年左右的古老沉船。他们不再是挖宝式

打捞物品，而是运用科学的考古学技术与方法，最终探究出了青铜时代晚期地中海贸易的秘密。这也标志着水下考古的成熟。

1986 年，英国人迈克尔·哈彻在荷兰首都阿姆斯特丹，将其从位于南海附近的中国沉船上打捞出的中国珍贵文物以高价大肆拍卖。盗走我国文物还大摇大摆去卖钱，毫不避讳盗窃行为，这令我国考古界非常气愤。因此，我国决定尽快建立自己的水下考古队。

在国家的支持与考古工作者的努力下，我国的水下考古虽然起步得晚，却发展迅速，现在已经取得了丰硕的成果。顺利打捞

"南海一号"沉船就是一例。

"南海一号"原来是南宋时期海上丝绸之路上的一艘商船，常年往来于中国和东南亚或中东地区做买卖。不幸的是，在一次出海贸易时，满载着各种货物的"南海一号"意外沉没，就此长眠在今天广东省南海下川岛附近的24米深的海域中。从1987年首次发现"南海一号"，到2007年完成整体打捞，并迁徙至广东海上丝绸之路博物馆的"水晶宫"，再到2019年完成对"南海一号"船舱内货物的清理，整整跨越了33年。这30多年的发掘过

🔻 "南海一号"沉船模型

青釉菊瓣纹盘 ⬅

青白釉花卉纹碗 ➡

青白釉喇叭口瓶 ➡

⬆ 金项饰

⬆ 金璎络胸佩

⬆ 青白釉八棱执壶

"南海一号"沉船出土器物

程，也见证了中国水下考古的成长。尤其是"南海一号"被整体打捞时，中国考古队要将沉船、文物与周围海水、泥沙等重达3000吨的物体按照原状一次性吊浮起运，迁移到与"南海一号"原来所处的海底环境一模一样的"水晶宫"进行保护。这是一项世界罕见的工程，就连世界水下考古之父乔治·巴斯都对此表示不可想象，而我们做到了。此后，考古人员在"水晶宫"中进一步对"南海一号"进行了勘察清理，做到了边保护边挖掘。

根据测量，这艘船长41.8米、宽11米、高4米，比世界上最大的鲸鱼长近10米。具有尖尖的头，修长的身材，木质的皮肤。它有个能装东西的大肚子，载重大约425吨，足足可以装得下约80头亚洲象。令人震惊的是，这艘南宋的普通商船上竟然有18万件以上的文物，俨然是一座巨大的宝库。这其中包括大量异域风情的瓷器、钱币、丝绸，还有金银、竹木漆器等。那些金首饰都是加长加大的超大款，比如有的金项链足足有1.7米长，有的金手镯直径比碗口还要大。想必船员们一定都是高大威猛的勇士，才能驾驶着这艘巨轮在辽阔的南海中远航。

细细品味这些带着生活气息的文物，我们似乎可以看到数百年前船员们与商人们的日常生活状态。船舱中大量的大喇叭口状的碗与棱角分明的酒壶，让我们仿佛看见了几百年前阿拉伯商人向中国商人定制瓷器的场景。

水下考古人的训练与装备

那在水下挖宝的都是什么人呢？是专业考古的还是专业潜水的呢？让考古队员学会潜水，比让潜水队员学会考古要容易一些，所以水下考古队员的第一专业基本都是考古的。不过，让考古人经过严格的潜水训练，能顺利开展水下考古，也并非一件简单的事。

首先，水下考古队员得有很好的身体素质，这是目前我国水下考古培训的选拔条件之一。具体有哪些要求呢？比如要求选拔对象具备在水下连续游泳距离不低于200米的能力；不能患高血压、鼻炎、中耳炎等疾病……

其次，由于水中活动的特殊性，水下考古队员还配有不少高科技装备。

考古队员如何在水底呼吸呢？20世纪40年代法国海军发明的水下呼吸机，以及后来发明的轻潜设备，都是可以供考古队员在水下自由呼吸的法宝。

在浑浊而广阔的水底世界，考古队员该如何分辨陌生的水下地形和寻找被淤泥、水藻覆盖的珍宝呢？

首都博物馆"千古探秘——考古与发现"展展出的水下考古装备（聂鸣/摄）

海洋遥感物探技术是水下考古不可缺少的神器，称得上水下考古的"千里眼"与"顺风耳"。它利用声呐原理，无须考古队员游到挖掘地点，便可以绘制出当地海床的地貌，还能像警犬一样，"闻"出哪里埋藏着金属。

现在，随着科技的不断进步，水下考古的探测队伍越来越庞大，水下机器人也是其中一员。它可以在极其恶劣的深海活动，到达人类极限外的水域，帮助考古队员拓宽探险的领域。

水下考古与田野考古有啥联系

一个在水下工作，一个在陆地上工作，水下考古与田野考古的工作环境截然不同，它们之间似乎有着天壤之别，但实际上，它俩的关系十分密切。一起来看看水下考古具体的工作流程吧！

第一步：找到地点。与田野考古一样，进行水下考古时，考古人首先要找到挖掘地点。不同于田野考古人的是，水下考古人的探测目标是江河湖泊，他们得乘船出行。他们乘船在水面航行时，会用探测仪等设备锁定挖掘地点。水下考古船是专门用于水

🔻 考古工作船

下考古的一种船只，中国首艘水下考古工作船被命名为"中国考古01"。

考古队员正利用设备扫描相关水域的海床形成的数据图（蔡榆/摄）

考古人员下海进行试探（倪立刚/摄）

锁定水下遗址

第二步：进行发掘。水下考古人先用卷尺在遗址上测量距离，然后布设探方，开始挖掘。在这个过程中，考古人员还要实时对遗址和文物的情况进行测绘与记录。当然，这个过程自然也少不了摄影、摄像等多种记录方式。值得一提的是，对水下文化遗产保护环境的物理指标的记录比田野考古复杂得多，因为水下环

测量距离 ➡

➡ 布设探方

⬆ 测绘采集

⬆ 考古摄影

境涉及水的流速和流向、潮汐、水温、水深等，这些信息都要及时记录。

第三步：提取遗物。水下考古队员将遗物从水底挖掘出来后，还要做好遗物的收集整理等工作。要结合现有的科学技术，尽可能不让文物受到损坏。

↑ 水下遗物保存情况

↑ 打捞遗物　　　　　　↑ 出水瓷器

第四步：整理与研究。与田野考古一样，水下考古人员要通过研究文物来探索古人的秘密。所以，整理与研究遗物的步骤必不可少。考古人员除了用眼睛观察遗物，还会用到很多先进的现代化仪器或技术来研究遗物的年代、材质、特性等。

原来啊，水下考古与田野考古虽然工作环境完全不同，但科学发掘的流程大致是相同的。不管是老祖先留在陆地上的东西，还是留在水面下的东西，都是考古工作者发掘的对象，它们共同书写着人类历史。

小总结

　　说起来，中国水下考古的建立还真不容易。当我国的考古学家眼看着自己国家的文物被外国人肆无忌惮地倒卖时，满腔的怒火无处发泄，只能默默立下志愿——发展中国的水下考古。可在当时没钱、没技术、没人才的艰难时期，要发展谈何容易！但是我国著名考古学家俞伟超不畏艰险，带领着一群心怀祖国和具有科研精神的考古工作者，硬生生地开始了我国水下考古的建设之路。终于，皇天不负有心人，现在我国的水下考古已有了很大发展。我们的祖国日益强盛，是水下考古工作的坚强后盾，今后，中国水下考古还会继续乘风破浪，带着意外沉睡在水中的人类遗存回家，揭开更多的未解之谜。

第三章

各种各样的考古（一）
——探索古人的生存密码

如果骨头会说话：人骨考古

古人沉睡在地下，时间长了，身体会腐烂。除了一些防腐措施做得好的贵族，他们身体的皮肤、内脏等可能会保存下来，普通人的尸体基本只剩骨架了。古人有多高？古人长啥样？古人与我们现代人差别大吗？考古学家能从古人的骨头上发现古人的什么秘密呢？

考古界的"接骨医生"

正如医生看病要询问病情、开药、写病历一样，考古学家"接诊"骨头，也有自己的工作步骤。

首先是登记。就像我们每个人都有一张身份证一样，考古学家会对人骨进行登记，为每块骨头制作"身份证"，上面会写清楚它们的出土地点和"身份证号"。这样考古学家便不会弄混它们，并可以在需要的时候快速找到它们。

接着是清洗。骨头从地下挖掘出来时，往往连着泥带着土，这样就会影响考古学家观察研究。因此，考古学家会用清水，必要时也会使用药水将它们清洗干净。

再接着是"接骨"。由于埋葬在地下，受到土的挤压，有的骨头可能会断了或者碎了，这就需要修复。这时候，考古学家就承担起"接骨医生"的角色，开始拼接断骨，或者"缝补"颅骨碎片，等等。

最后就是研究了。考古学家要与骨头"对话"，让骨头"说出"自己的信息。值得注意的是，牙齿虽然不算骨头，但其作为

人体不可缺少的一部分，且比骨头还坚硬、不易腐蚀，承载着遗骸的很多信息，所以它也是人骨考古的重要研究对象，常常向考古学家透露出其主人的饮食习惯或生活特点。

与骨头"对话"

正常成年人的骨头有206块，不同部位的骨头承担着不同的支撑或运动功能，也造就了各自的特点。当有心人近距离观察它们时，它们就会源源不断地向有心人讲述关于它们主人的秘密，包括主人的年龄、性别、喜好等。考古人就是这样的有心人，如果加上古人的牙齿，那考古人能挖掘的信息就更多了。

2019年冬天，考古队员们在南阳市卧龙区史前墓葬中发现了一具约4000年前的尸骨。骨头腐朽严重，挖掘时面部骨头意外塌陷，且没有关于这具尸骨的任何文献。根据这些残缺的颅骨、散碎的骨架，考古队员们能探索出什么信息呢？

考古队员们请来了体质人类学家。

一般来说，男性的颅骨比女性的大、重，颅腔也比女性的大；男性和女性的骨盆也很不一样，女性承担着生育任务，如果把女性的子宫比作胎儿温暖的被窝，那么女性的骨盆就相当于承托被窝的床，所以女性的骨盆往往比男性的大。因此，体质人类学家通常根据颅骨和骨盆来判断尸骨的性别。由于这具骨骸的面部破损严重，骨盆保存相对完好，所以体质人类学家根据骨盆判断出这是一名女性的尸骨。

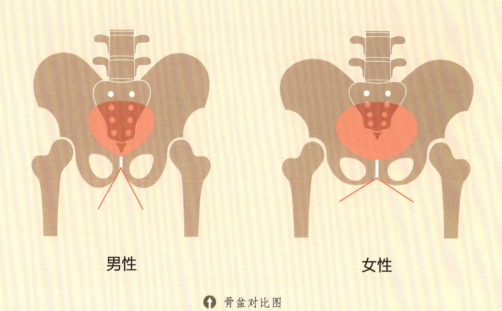

男性   女性

⬆ 骨盆对比图

此外，体质人类学家根据这具骨骸的肢骨长度判断出这位女性的身高约1.6米，根据她的牙齿磨损情况判断出她死亡时年龄在25~30岁。

考古学家进一步对尸骨进行研究，通过下颚骨的光滑程度推测死者生前应该很漂亮，至少下巴是漂亮的；通过上下门齿间呈现出的对应的豁口——类似我们现代人因长期咬食坚果形成的

"瓜子牙"，推测出死者生前应该很会缝制衣物，"瓜子牙"应该是长期用牙撸、勒或咬断缝织用的线形成的。

尽管沉睡了约4000年的尸骨"默默无言"，但是通过人骨考古，我们知道了死者是位年轻、漂亮且心灵手巧的姑娘。

辛追夫人长什么样？

大多数情况下，我们很难通过观看考古发掘出的古人遗骸想象出古人的长相。大家肯定都很好奇，古代的人到底长什么样？和现在的我们有区别吗？区别大吗？这个难不倒考古学家，他们可以根据古人的骨头来复原古人的样貌，为我们展示古人的"彩色照片"或者模型。

样貌复原最重要的一点就是面相复原，而面相复原主要是依据颅骨的形态。因为面部软组织是附着在颅骨之上的，它们的形态受颅骨形状的影响。比如整个颅骨的形状决定了这个人是圆脸还是长脸，额骨、颧骨、上下颌骨决定了正面和侧面的脸型，鼻

🔺 观众在"长沙马王堆汉墓陈列"女尸棺椁陈列区参观辛追夫人尸体（左冬辰/摄）

骨的高低、鼻腔前部的梨状孔的形态决定了鼻子的形态。

那人的脸皮有多厚呢？除了胖瘦不同会影响面颊两侧的厚度，人类面部其他地方的厚度都相差不多。人死前的年龄，也可以通过颅骨大体判定，最后复原的样貌与现实样貌的相似度可达90%。

通过人骨考古，两千多年前的辛追夫人的样貌就得到了复原。

辛追出生于公元前217年，公元前168年去世，去世时是一位约50岁的贵妇人。她当时是长沙国丞相利苍的妻子，下葬时尸体被保存得非常好。出土时身高154厘米，体重34千克，皮肤

我的简历

- 姓名：辛追夫人复原蜡像
- 复原年龄：30 岁
- 复原时间：2002 年
- 现居地：湖南博物院

⬆ 辛追夫人复原蜡像（张富源/摄）

覆盖完整，皮下软组织柔软而富有弹性，关节尚可活动，毛发尚存，手指及脚趾纹路清晰。但她舌头外露，眼睛一只睁着一只闭着，鼻子还被压扁了。人们很难通过尸体想象她生前的容貌。

2002年，在马王堆汉墓发掘30周年之际，湖南博物院邀请专家根据辛追的颅骨及各种文献资料，复原了辛追分别在7岁、18岁、30岁和50岁时的4张面相标准图。今天大家在湖南博物院看到的栩栩如生的辛追蜡像，就是参考了辛追30岁的复原面相和人骨考古确定的她的身高、体重，以及汉朝当时的服饰特点制作出来的。

小总结

大家还记得吗？我们在前面讲过古人类化石可是考古学家和古生物学家共同的"香饽饽"。人骨考古除了研究古代人的遗骸，还会研究古人类化石。比如考古人员在周口店遗址附近发掘出了古人类化石，他们通过人骨考古研究出这是距今约2.5万年的山顶洞人时期的晚期智人化石。人骨考古不仅能为我们揭开古代人类的体质特征，还能探索人类的起源和进化情况呢！

从野兽到家畜：动物考古

在考古发掘中，考古学家不仅发现了人的骨头，还发现了很多动物骨头。这些动物骨头上藏着什么秘密呢？这些动物与古人之间是一种什么样的关系呢？

狗：人类最忠实的朋友

通过动物考古，考古学家发现，中国最早出现的家养动物是狗，它们是由狼驯化而来的。

在距今1万年左右的河北省保定市徐水区南庄头遗址，考古队员发现了一块犬科动物的左下颌骨。考古学家认为这是狗的骨头，理由很充分：它的下颌缘弧度比狼的大；骨头上的牙齿长79.40毫米，尺寸明显比狼小；牙齿的排列比较紧密，而狼的牙齿排列比较稀松。

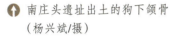

⬆ 南庄头遗址出土的狗下颌骨
（杨兴斌/摄）

⬆ 周口店遗址出土的直隶狼下颌骨
（海峰/摄）

在距今9000～7500年的贾湖遗址，考古人员发现有11条狗被分别埋葬在居住地和墓地里，狗的骨架都较为完整。考古学家认为，这是当时人对狗的一种有意识的处理。这些狗曾经或许是帮助主人打猎的，或许是为主人看家护院的，或许是主人作为宠物喂养的，主人死后，这些狗作为陪葬，去阴间继续履行其生前的使命。这表明，当时的人和狗有一种特殊的依赖关系。

有了狗这样忠实的朋友，人类可能对于一些凶猛的野兽不再害怕了。狗的驯化导致人类狩猎的策略、战术或技术都发生了一些变化，狗的出现对人类来说，意义重大。

家猪从哪里来？

猪生长极快，一年就可以达到100多斤。真是难以想象，失去了猪肉，人类的餐桌将会怎样。人类肯定会丧失很多舌尖上的乐趣吧。

那我们的祖先是什么时候开始吃上猪肉的？他们是什么时候将野猪驯养成家猪的？

野猪体形粗壮、性情暴躁，具有极强的攻击性。成年的雄性野猪体重可以达到 200 千克。我们的祖先如果能捕获一头野猪，那真是可以美餐好几顿了。不过野猪岂肯轻易就范。它蛮力抵抗，用尖利的獠牙拱人，还横冲直撞，让狩猎者损失不小。所以，野猪肉可不是先民们想吃就能吃得到的。

有时候，先民们运气好，捕捉到的野猪比较多，一次吃不完。于是他们就开始想：能不能把捕获的野猪养起来，等想吃猪肉的时候随时宰杀？这一试可不得了，圈养野猪不仅让先民随时有肉可吃，还改变了野猪的生理特征。

野猪头部较大，前半身约占整个身体的70%；嘴部长而有力，有利于它们拱土掘食；獠牙尖利，可以攻防。

由于人类圈养时包吃包住，野猪再也不需要那具有攻击性的尖獠牙和拱土的长嘴了。慢慢地，野猪的头部和吻部逐渐缩短，獠牙退化，体形变得臃肿。原始家猪身体的前后比约1∶1，各占50%，而现代家猪的前半身仅占全身的30%，后半身占到全身的70%。

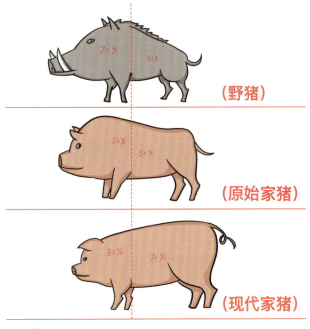

（野猪）

（原始家猪）

（现代家猪）

🐷 野猪、原始家猪、现代家猪体形对比示意图

　　根据贾湖遗址出土的猪骨,考古界认为河南省舞阳县的贾湖村是目前已知的中国最早的家猪驯化地点,距今约9000年。由此可以证明我国是世界上最早驯养家猪的地区之一。那么,动物考古如何认定当年埋葬在贾湖遗址里的猪不是野猪而是家猪的呢?

　　第一是发现了齿列扭曲的猪颌骨。野猪变成家猪的一个重要特征就是嘴巴变短,这样猪的齿槽会变小,牙齿就会因空间变小受到挤压,导致排列不整齐。这种排列扭曲的牙齿目前只出现在家猪的标本上,因此成为鉴定家猪的一个重要指标。

　　第二是猪的年龄。野猪的年龄可以达到20岁,而贾湖遗址的猪死前大多是一两岁的未成年猪,这些未成年猪所占比例高达81.4%。家猪在喂养一两年后达到一定体重,再喂也不会明显增重了。如果养猪是为了吃掉,那么一两岁的猪就是被宰的对象。高达81.4%的一两岁猪的骨骸足以说明贾湖先民养猪就是为了吃猪肉。

　　第三是数量众多。在贾湖遗址发现的猪占全部哺乳动物的比例较高,远大于自然状态下野猪占哺乳动物的比例,这明显是人类有意养殖的结果。

　　好喂养、长肉快、繁殖多,养猪可以说是低投入、高回报的好生意。因此,当野猪被驯化之后,在中原地区居民饮食结构中,猪肉的比例迅速升高。

古代人的花样烤肉

烤肉这道美食可不是现代人的专利，很早以前，古人就开始钻研各种烤肉工具，努力改进烧烤的技法，让肉变得更美味。

早在距今6000多年的新石器时代马家浜文化遗址中，考古人员就发掘出了古人专门用来烤肉的工具。

到了汉代，烤炉的样式与现代已经颇为相似。1969年，陕西省西安市延兴门村出土了一件汉代文物，是一个铁做的上林方炉。上林方炉分上下两层：上层呈长长的凹槽状，底部有条形镂孔；下层为浅盘一样的底座，底座由四个兽蹄一样可爱的器足支撑，专门用来接炉体上层漏下的炭灰，设计十分贴心。有考古学家推测这是一个"炙炉"，功能强大，可以烤羊肉串、猪肉、鱼、面饼等。

🔆 上林方炉（杨兴斌/摄）

　　考古人员在距今3800～3500年的二里头文化遗址中发现了大量烧焦的猪骨和牛骨；《诗经》中也有"有兔斯首，燔之炙之"的诗句，记载着周代主人烤兔子招待客人的故事……可见古人烧烤的肉类是相当丰富啊。

　　汉代墓葬的画像石上，也有很多烧烤的情景。1995年，考古人员在山东省临沂市五里堡村一座东汉晚期墓葬中发现了两方"宴饮"画像石，画像石上生动展示了汉代大厨是如何制作烧烤的。这块画像石分上下两格，上格绘制了前堂主人吃吃喝喝的欢快场景，下格则呈现了后厨仆人制作烧烤的忙碌场景。厨房中，有人在认真剖鱼，也有人正在烤串。你看，烤串的两人分工明确，一人正手持肉串，在三足炉上烤着，其对面一人正手持扇子在扇风。他们旁边还悬挂着许多猪腿、鸡等用于烧烤的食材，看来要忙活上好一阵了。

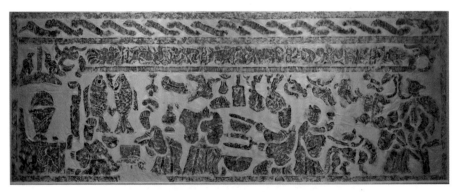

　　🔼 汉画像石拓片《庖厨图》（左冬辰/摄）

并不是所有人都有搭档，另一块画像石上，有个穿着花边衣领长袍的男子独自烤着串。他左手持肉串在炉上烤着，右手则拿着扇子在扇炉火。这场景简直与现代街头烧烤小哥独自一人忙碌的样子一模一样。

到了隋唐，中国古人的烧烤技术得到进一步发展。人们对烤串使用的燃料与食物的营养保健方面的关系进行了研究。《隋书·王邵传》记载，隋代人已经发现，用煤炭、木柴、竹子、麻根等烧火，烤出来的肉的味道和营养是有差别的，所以他们在烧烤时会挑选不同的燃烧材料。

祭祀台上的"牺牲"

通过对动物进行考古研究，考古学家发现，古人饲养动物除了满足他们吃肉的需求，还会用于祭祀等活动。

"太牢"和"少牢"指古代祭祀时使用的"牺牲（为祭祀而宰杀的牲畜）"。古代帝王、诸侯祭祀社稷时，牛、羊、猪三牲全备，称"太牢"；没有牛，只用羊和猪，则称"少牢"。

有人认为"牢"是专门饲养用于祭祀的动物的地方。饲养在"太牢"的动物会较晚被宰杀，也就是说这里的动物生存时间较长；饲养在"少牢"的动物会较早被宰杀，有些动物未成年就被

宰杀了，也就是就这里的动物生存时间较短。

在3000多年前的偃师商城遗址里，考古学家发现了很多牙齿磨蚀很严重的猪，说明这些猪的饲养时间很长。考古学家进一步检测发现，这些猪的死亡年龄大多在4岁以上。我们知道为了吃肉而养的猪基本养到一两岁就被宰掉了，可见这些4岁以上的猪并不是用来吃肉的，或许有做祭品之类的特殊用途。

动物考古发现，从商代中期开始，祭祀时使用黄牛的数量增多了。在属于商代晚期的河南省安阳市殷墟遗址，考古人员发现先人用于祭祀的动物种类更加丰富，有猪、黄牛、狗、绵羊、马，甚至大象等；从数量上看，黄牛和绵羊较多。可见随着朝代更替，黄牛和绵羊逐渐成为祭祀用的主要动物。

再往后，马成了祭祀用的主要动物。比如考古学家在陕西省凤翔县雍山血池秦汉祭祀遗址发现了专门的马坑。

总之，在古代的祭祀活动中，这些家养的动物往往成为主人身份地位的象征，什么身份应该用什么动物、什么场合应该用什么动物，都有一定的讲究。

小总结

　　肉类是我们经常食用的食物，也是我们为了维持身体健康不可或缺的营养来源。动物考古不仅让我们感受到祖先在驯化动物过程中体现出的勤劳、勇敢和机智，也让我们体会到古人与动物之间的特殊关系，除了食用，还有陪伴、祭祀等。这让我们有机会窥探古人与动物的相处状态，了解古人生活的一个侧面。

古人的素食：植物考古

大家都知道，要想营养均衡，除了吃肉，我们还要吃主食、蔬菜和水果。那么，古人也爱吃这些吗？他们的饮食中也包含这些食物吗？来看看植物考古的成果吧！

"1万岁"的栽培水稻

人们常说"南稻北麦"，意思是南方人的主食以水稻为主，北方人的主食以小麦为主。换句话说就是，南方人喜欢吃米饭，北方人喜欢吃面食。那我们先来说水稻。稻米几乎是南方人每天必吃的食物，人们对它习以为常，很少去关注它到底从什么地方来，它有多长时间的历史。

20世纪末，考古人员在江西省万年县的仙人洞和吊桶环遗址，以及湖南省道县的玉蟾岩遗址发现了距今1.8万~1.4万年的古栽培稻遗存，这些水稻可视为世界上最早的人工栽培稻。

2000年11月，考古学家在浙江省浦江县发现了上山遗址。他们从中发掘出炭化稻米，并发现当地出土的陶片表面有较多的稻壳印痕，胎土中有大量稻壳、稻叶，还看到了石磨棒和石磨盘等稻谷脱壳工具。经过检测，这些稻米距今约1万年，这说明1万年前，当地人不仅会种水稻，还会使用工具对稻谷进行脱壳处理。

🔺 上山遗址出土的炭化稻米

在浙江省余姚市的距今约7000年的田螺山遗址，考古人员也发掘出了大量的炭化稻米，还发现了水稻田、原始农具等。这说明那时候的水稻种植技术已经较为成熟。

关于水稻的起源，起初全世界的专家学者看法并不一致，但是随着中国考古越来越多的新发现，尤其是中国植物考古所提供的新证据，目前大家已经认可了水稻起源于中国，而且可以确定为长江中下游地区。

小麦居然是个"老外"

小麦原来生长在西亚，是个不折不扣的"老外"。我们在甲骨文中已经发现"麦"字，可见它最晚在3200年前的殷商时期便已传入中国。

但是在很长一段时间，小麦都不受古人待见。比如西汉的史游写有名为《急就篇》的一本书，书中分章叙述了各种名物，如姓氏人名、饮食、服饰、音乐、地理等。其中，饮食中就提到了"饼饵麦饭甘豆羹"。后隋唐学者颜师古作注："麦饭豆羹皆野人农夫之食耳。"意思是用小麦蒸的饭、用大豆煮的粥，那都是穷人、下等人吃的。当时上等人吃的是小米或稻米蒸的饭。这是为什么呢？

因为中国古人有粒食传统，比如食用稻米，大多时候是整粒地煮食或者蒸食。当他们将小麦整粒煮或蒸着吃时，发现小麦不仅口感不好，难以下咽，而且不易消化。直到古人想到将小麦磨

成面粉，并发现面粉可以做出各种各样的美食，比如煮食的面条和水饺、蒸食的馒头、烤食的烧饼……才开始待见小麦，小麦才正式成为了中国北方农业生产中最重要的粮食作物。

1978年，考古人员在山东省滕州市薛国故城遗址中发掘出了迄今为止最古老的饺子。遗址墓葬中有一件青铜簠（fǔ），人们惊讶地发现里边保存着三角形的白色包馅食物，大小与今天的饺子一样大。说明早在约2500年前的春秋时代，饺子就已经出现了。

考古工作者还在新疆维吾尔自治区的吐鲁番阿斯塔那古墓发现了距今1300多年的唐代饺子，它们看起来与今天的饺子一模一样。看来，这包饺子的手法也是世代相传，已经有上千年历史了。

↑ 唐代点心及食具（樊甲山/摄）

前文讲到水稻起源于长江中下游地区，也就是说，我国南方自古就有食用稻米的传统。那么，在小麦传入中国之前，北方的先民吃什么呢？

考古人员发现，在小麦称王称霸前，粟才是中原地区餐桌上的霸主。

在河北省磁山遗址中，考古工作者发现了大量的粟。经考证，早在8000多年前，人们便学会了人工种植它。

粟的吃法五花八门，可以煮食，也可以熬粥，还能放在石板上烤熟，磨烂后更能加工成面条。考古人员在青海省喇家遗址中发现的距今4000多年前的面条就是粟和黍做成的杂粮面，并不是小麦做的。面里还检测到一些油脂与动物的骨头碎片，可见老祖先也喜欢吃肉味面条呀。

不过，当小麦的做法日益丰富之后，由小麦制成的面食受到了越来越多人的喜爱，粟的江湖地位就不保了。

大家都爱吃莲藕

说了主食，再说说我们的祖先喜欢吃什么菜。从古人写的食谱，如《食珍录》《清异录》《食经》《本心斋食谱》《山家清供》等，就知道古人的饮食之丰富绝不亚于我们现代人。他们常吃的素菜有菜羹、韭菜、山药、笋、藕等。那么，植物考古发掘出了什么菜呢？

说起考古古人喜爱的菜，有一件令考古人万分遗憾的事情不得不提。1972年，湖南省文物考古研究所发掘长沙马王堆一号汉墓时，与众多艺术品一块出土的有一个漆鼎。队员们判断这是一个装食物的食盒，里面可能装了汉朝人喜欢吃的食物。做好详细记录后，大家决定现场打开这个食盒，看看2000多年前的古人吃的是什么东西。

揭开食盒的一刹那，大家都惊呆了：是一盒藕片汤。几十片藕居然形态保存完好！

有人说，墓主人生前肯定很喜欢吃藕；有人说，汉朝肯定很流行吃藕……正当大家兴高采烈地讨论这盒藕片时，捧着食盒的人突然手抖了一下。在众目睽睽之下，藕片突然消失了。考古人员顿时错愕不已。

大家没意识到，这些藕片在水中泡了2000多年，组织早已纤维化，一碰就会破碎。幸亏当时有人利索地给藕片照了一张照片，不然人们肯定难以相信存放了2000多年的藕片形态居然可以保持得如此完好！

　　有趣的是，2001 年，考古人员在距今 8000 年左右的贾湖遗址发掘到了丰富的炭化植物遗存，其中除了数百粒炭化稻米或稻谷，还有炭化的菱角和莲藕。看来，我们的祖先在大约 8000 年前就已经喜欢吃莲藕啦！

王宫里的水果盛宴

　　古诗中有这样一句："一骑红尘妃子笑，无人知是荔枝来。"说的是杨贵妃喜欢吃荔枝，唐玄宗就命人快马加鞭从南方采摘新

鲜荔枝送到长安。古时候的冷冻保鲜技术没有现代这么发达，传闻为了让远在长安的杨贵妃食用到新鲜的荔枝，运送荔枝的过程中跑死了好几匹马呢！如此不计成本，可见宫廷生活的奢华。那么，除了荔枝，古代王宫还吃些什么水果呢？

南越国是秦汉时期岭南地区（今广东、广西一带）的一个小国，建国的赵佗当时兴建了王宫御苑。

2004 年，考古学家在南越宫苑遗址的西北部发现了一口水井。这个水井并非打水吃水用的，而是类似于今天广东地区的

⬇ 南越宫苑遗址的明代水井

"沙井"，主要用于疏通和净化南越宫苑御花园排出的雨水。

考古学家提取水井内的土壤，采用浮选法获得了几十种不同种类的植物遗存。有杨梅、荔枝、乌榄、方榄、甜瓜、柿子、枣等，种类之丰富，一点不逊于现代人。看来南越国的王公贵族们在御花园内除了游玩娱乐、欣赏美景外，还品尝着天南海北的水果呢。

小总结

其实，以上介绍的几种食物只是古人饮食结构的冰山一角。考古工作者在西安地区的汉代墓葬里发现了粟、黍、大豆、小豆、大麦、小麦、稻谷、大麻、薏苡等农作物，说明古人种植的农作物非常广泛。这不仅可以提高整体农业生产量，让古人获得更多粮食，也提高了古人的抗风险能力，当天灾导致某一种作物绝收时，还有其他作物可以吃。植物中蕴藏着很多神秘又有趣的信息，与人类的生活息息相关。植物考古为我们打开了古代植物王国的大门，让我们仿佛看见了古代人类的饭桌。

我学古人来生活：实验考古

古人与我们一样，也要解决衣食住行等各方面的生活问题，他们与我们拥有的工具和材料都不一样，与我们解决这些问题的方式肯定不一样。那么，他们是如何解决这些问题的呢？

我学古人盖房子

很久以前，我们的祖先是巢居，就是在树上用树枝搭架居住的地方，类似鸟儿筑巢而居。后来先人逐渐转移到地面居住，由于经常受到野兽的袭击，他们开始建造房屋。房屋除了可以躲避野兽侵袭，还可以防潮。

内蒙古自治区赤峰市二道井子遗址，是约4000年前先民生活过的地方。考古学家在这里发现了2座半地穴房址和147座地面上的房址。建在这里的房屋除了少量可能用于祭祀外，其余大部

🔆 二道井子遗址（聂鸣/摄）

　　二道井子遗址上方设计了半球形保护大棚，大棚为气膜结构，以减轻其对地下的压力。为了永久保护遗址，一条原本设计在地上通行的高速公路改从遗址下方穿过。

分都是先民居住用的。

　　这么多"独栋别墅"在一起，在今天看来应该算是面积庞大的"小区"了，当时建设它们肯定是个大工程。它们是如何被建设起来的？那时候的人居住的房子是什么样的？

　　几年前，23个年轻人来到这里，他们只凭人力和简单工具，搬砖、砍草、和泥、锯木……用7天时间完成了一项实验。他们用先人在4000多年前就能获取的材料复原了先人的两间房屋：一间是双层土坯墙，用木材做梁架，用茅草铺顶；一间是单层砖墙，圆形穹顶。

　　复原这两间房屋的过程并不容易。一起来看看考古学家怎么做的吧！

　　第一步是选择模拟建设哪间房屋。实验选择复原的两间房屋位于"小区"北部的一个院落里，坐北朝南。其中一间应该是"主屋"，有门有窗，面积较大，另一间屋子面积较小。

　　第二步是确定建设方案。考古学家发现，很多房址上留有0.5米到2.1米高的残破的土墙，且土墙围成呈圆形。仔细观察这些残墙顶部，他们推测这些房屋既有可能是木梁结构的圆锥形屋顶，也有可能是圆拱形的穹窿顶。于是他们决定主屋采取墙顶搭建木构屋顶的方案，旁边的小屋则用土坯修筑一座穹窿顶。

第三步是平整地面和砌墙。将地面平整好后，铡草和到泥里边，然后层叠砌墙，用草拌泥涂抹在墙的内外，并用火烘烤墙壁，使其变得坚硬。

第四步是建构屋顶，这是最难的。考古学家得思考主屋的木斜梁怎么和墙体衔接，如何防止小屋的穹顶塌陷。最后考古学家搭主屋顶时采用了中国传统营建技术中"井干"的做法；搭小屋顶选择了"罗马万神庙"式的圆孔穹窿顶，不仅搭出了坚固的屋顶，而且增加了屋子的通风和采光功能。

坐在自己建造的屋子里，考古学家心生疑问：二道井子先民建造房屋的技术，是学习外人的还是自己琢磨出来的？特别是穹顶技术，究竟是不是本土产生的？……还有很多问题等着考古学家继续研究。

只要有耐心，骨头磨成针

早期人类穿的衣服也是用针缝起来的，不过他们用的针不是我们现代人使用的金属制成的针，而是骨针。

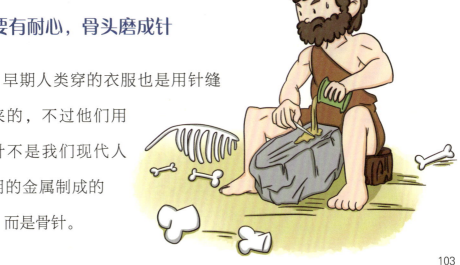

考古学家在6000多年前的陕西省西安市半坡遗址发现了几百枚骨针，特别精致。这么细小的骨针是怎么制作出来的？

大家都知道"只要功夫深，铁杵磨成针"的故事。老奶奶日复一日地坚持，可以把一根大铁棒磨成一枚小小的绣花针。其实古人的骨针也是慢慢磨制而成的——只要有耐心，骨头磨成针。

那磨制一枚骨针是否容易呢？需要多长时间？考古学家通过实验给了我们答案。

第一步，选择一根猪骨，用石刀切锯下一条窄长的骨头，再用石刀刮削这条骨头，使骨头表面变得光滑。

第二步，把骨头放在石板上反复摩擦，在摩擦的过程中要不时向摩擦面加水，这是为了降低摩擦面的温度。费了好一会儿工夫，考古学家终于磨成了一根长约4厘米、最大直径约3毫米的针状骨器。

第三步是穿孔。先将骨器的上端，也就是不尖的那一端，磨成扁平状，然后在这个平面上打孔。

问题来了，要想在直径这么细小的骨器上打孔可不容易。考古学家采用了不同的方法进行实验。

第一种方法，找了一个一端非常尖的石片，在骨器顶端的平面上反复刮刻。刮到一定深度之后，由于石片的尖端过大，导致骨器顶端折断了，结果打孔没有成功。

第二种方法，寻找一块硬度较大的石料，敲砸下来一个米粒状的石粒，然后将石粒插在一个细竹棍的一端，并用麻线将它牢牢捆在细竹棍上，形成一个简易的钻孔工具。考古学家用两只手的掌心夹紧细竹棍，然后反复搓动，使石粒随着细竹棍不停地旋转。同时，两掌向下用力，让石粒向平面施加向下的压力。石粒作为"钻头"，在磨钝以后可以更换新的。如此反复，最后骨器顶端的平面上被钻出一个圆孔。

用时两个多小时，一枚骨针终于制作完成了。可见古人制作好一枚骨针真不容易。

🔶 陕西省半坡遗址出土的骨针等工具（古橙文化/摄）

变身四千年前的厨师

考古学家不仅能模拟古人建造房屋、制作工具，还能变身古代的厨师，制作古代的美食呢！

前面讲过，考古学家在青海省喇家遗址的一个陶碗中发现了大约 4000 年前的面条。经过检测，这碗面的主要材料是没有脱壳的粟和黍磨成的粉。粟和黍就能做成面条吗？考古学家带着疑惑开始实验。

他们将粟、黍的种子用杵臼捣成粉状后，再用筛子过滤粉状物，获取精细面粉，然后向精细面粉里兑水，将混合物揉成面团。此时的面团非常粗糙、易碎，拉伸性很差，拉伸时非常容易

断，而且用擀面杖一擀就成碎片了，很难制成面条。

后来，考古学家又向面团中加入了同样分量的小麦面粉，发现面团的拉伸性变好了，但制作出来的面条总体还是不如纯小麦面粉制作的面条。

经过多次实验，最后，考古学家认为喇家面条可能并不是粟、黍面粉制作的，里面应该加入了其他原料。现在，他们还在继续实验和研究，看那时候的古人究竟是怎么做成面条的。

小总结

  实验考古有点像小朋友们玩"过家家"，就是考古学家把自己想象成古人，完全模拟古人的方式来生活，切身体验，所以实验考古还有一个名字，叫模拟考古。实验考古"大胆假设，小心求证"，让我们可以更加生动、形象、准确地了解古代人的生产生活。如果大家有机会去博物馆体验做一天古人，一定要动手搭搭房子、磨磨石器，这样一定会对我们人类的历史有更多的感悟和更深的认识。

化身古代"气象员"：环境考古

古人使用过的东西会遗留在地下，这给考古学家提供了丰富的研究线索。但是风刮过就飘走了，雨水落下来就流走了，似乎没有留下什么具体的东西。那么，考古学家通过什么痕迹来探究古人的生活环境呢？

土壤翻译家

环境考古能推演、复原古人生活的环境，即"古环境重建"。

要想复原古环境，考古学家要关注的环境要素还真不少，包括地理位置在哪、气候温暖还是寒冷、有无山脉河流、土壤有什么特征，等等。除了关注这些相对较为稳定的环境要素，考古学家更要关注自然灾害之类的特殊气候条件，如干旱、洪水、地震等。这样考古学家就能弄清楚古人在特定环境下如何生存，环境对他们的生活产生了什么影响。

我们每天都会行走在路上，但很少会关注我们脚下的土壤。对于环境考古的人来说，土壤可是宝贝。土壤穿越古今，它夹杂的岩石、动植物遗存等，都默默无声地记录着古气候、古地形地貌以及水文等重要信息，是非常重要的考古"资料"。

考古学家将自然环境对古人的影响、古人对自然环境的适应与改造称为"人地关系"。土壤则是分析"人地关系"的基础素材。比如考古学家可以通过土壤颗粒大小的变化，了解那个年代某一区域的水流特征；通过分析土壤中残存的树木样本是热带植物还是耐寒植物，进而判断那时候的气候是温暖还是寒冷……

可以说，土壤就是考古学家"阅读"古环境的无字天书，考

古学家们通过"翻译"这本无字天书,让普通读者也能了解古人与古环境的关系。

追着河流去生活

老奶奶庙遗址位于河南省郑州市西南郊侯寨乡的樱桃沟景区内。遗址的西北方向就是贾鲁河的上游九娘庙河,在河旁的高地之上,有早期人类活动的痕迹。

考古学家发现,这个遗址距今5万~3万年,明显是水流冲刷后堆积形成的。因此推断当时的人类居住在河边的沙地上,他们取用河里的水,捕捞食用河流里的鱼虾。后来河流逐渐干涸,人们便迁到另一条河边居住,原先的古河道以及他们生活过的地方逐渐被黄土掩埋。

四川省成都市新津区西北的宝墩镇宝墩村所处的位置水域发达、河流密布,考古人员在这里发掘出距今约4500年的宝墩古城。古城面积276万余平方米,包括内城与外城,内外城城墙的四个方向都挖有护城、泄洪的壕沟。这是考古学家迄今发现的世界上最早的城市规划。有学者曾计算过,宝墩内外城城墙总土方量达到了140万立方米。由此推知,宝墩古城即使在今天也算得上一个庞大的工程。可见宝墩古人的生产力水平之高。考古学家

宝墩古城出土器物

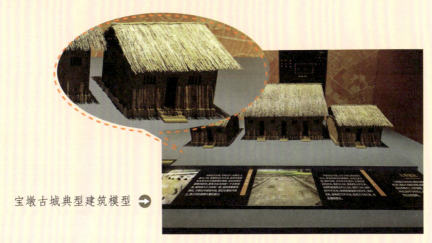

宝墩古城典型建筑模型

对古河道里的土壤进行分析，确认该古河道经历了三次河流发育过程。考古学家还在河床底部发现了两棵古树，且古树延伸方向与古河道水流走向一致。经过检测，古树距今3800年左右，恰好是宝墩古城消失的时间。这表明，宝墩古城消失的主要原因可能是古蜀时期的一次大洪水。

尽管宝墩古城最后被洪水淹没，辉煌的文明被洪水阻断，但是我们仍然可以从城市的规划情况看到他们临水而居的生活状态，以及为了与水和平相处所做的努力。

河流、海洋不仅可以为人类提供丰富的水资源，还可以为人类提供鱼、虾、贝等营养丰富的食物。在人类历史的早期，农业生产水平不高，人们对河流、海洋的依赖程度比较高，远远高于我们现代人。以上案例都说明，古人选择生活位置的一个重要特征就是逐水而居。

突如其来的地震

喇家村是位于青海省和甘肃省交界处的一个村落。这里属于黄河岸边的官亭盆地，在青藏高原的边缘处，海拔相对较低，气候较为温暖，冬无严寒，夏无酷暑。村前的黄河水并不湍急，河水缓缓流过村庄，滋养着岸边的生灵。这里树木苍翠，麦浪起伏，是大西北少见的富庶之地。大约4000年前，我们的老祖先曾在这里快乐地生活，直到一场天灾降临此地。

1999年，考古学家在这里发现了惨不忍睹的灾难现场。考古人员在一处房址发现了14具人骨，有的匍匐在地，有的侧卧在一旁，有的相拥而死，有的倒地而亡。在另一处房址，一对母子的姿势更令人感伤。母亲靠墙跪坐在地上，弓着背，右手撑

🔼 喇家遗址发掘出的突发地震时母亲守护孩子的场面（李全举/摄）

这座4000年前因地震和黄河洪水毁灭的史前遗址是我国发掘的罕见的大型灾难遗址，被评为我国2002年十大考古发现之一。

地，左臂将一个婴儿搂抱在胸前，婴儿双手紧搂着母亲的腰部。

我们不禁会问：为什么会有这么多人死在房子里？为什么他们看起来都像非正常死亡？为什么地上有条大裂缝？为什么那位母亲面色惊恐？这究竟是天灾，还是人祸？

是天灾！考古学家研究发现，地面裂缝是由于强烈地震造成的，而几处房址内的大量棕红色黏土层中间夹着的波纹沙带表明，洪水曾在这里泛滥。考古学家推测，当时地震引发了洪水灾害，洪水来得非常凶猛，人们来不及反应，整个地方就遭到了铺天盖地的毁灭。

4000多年前的12级风暴

除了地震、洪水，考古学家还能推测出几千年前风暴的样子。

海边城市宁波市经常受到台风袭扰，不只是今天的当地人面临着这样的天气，几千年前居住在此的先民也是如此。考古学家在宁波市九龙湖镇的鱼山遗址的发掘研究表明，这里原本有一个以种植水稻为生的海边小村庄，然而，一场大风暴摧毁了这一切。

鱼山遗址有一道宽约60厘米、高为20～30厘米的沙脊，这是典型的风暴产物。考古学家探察了鱼山遗址风暴地层里的石英矿物，又测量了这里埋藏的炭屑、植物碎屑的年代，确定了风暴发生的时间——大约在4580年前。

这场风暴相当于今天的强台风或超强台风，中心风力可能在12～16级，在海面可以掀起十多米高的巨浪，这个小村庄会被摧毁也就不奇怪了。

桑田变沧海

我们经常听人提到一个成语——沧海桑田，意思是沧海会变成农田，农田会变成沧海，比喻世事变化很大。考古学家在鱼山遗址就见证了桑田变沧海的一幕。

鱼山遗址的地层中含有古人类器物、腐殖质等，这些清晰记录了海洋与人类"此进彼退"的历史。考古学家根据出土文物的特征，将鱼山遗址的文化层大致分为河姆渡文化、良渚文化、商周和唐宋四层。其中，良渚文化层就记录了距今5300～4300年的良渚先人在这片土地上生活的场景。

考古学家对属于良渚文化的地层顶部进行了研究，除了发现这里有着显著的风暴侵蚀面，记录着4580年前的那场十级以上的强台风，还发现覆盖在良渚文化层之上的自然淤积层形成于持续千年的海水环境。这说明这里的良渚遗址遭受强台风之后，被海水淹没长达千年。

🔻 良渚古城遗址公园原始部落古人生活场景复原雕塑

地层记录还显示，杭州湾的相对海平面在公元前2560～前2440年，快速上升了约0.95米，误差为上下0.52米。而公元前2560～前2440年的约120年间正是良渚文化的衰落时期，考古学家由此推测，当时由于相对海平面快速上升，长江口—杭州湾一带发生了严重的水涝灾害，大量良田变成了沧海，导致良渚古人不得不放弃家园，迁移他处。

小总结

人类生存离不开水，但又时常受到洪水的威胁。环境考古为我们展示了地球上沧海桑田的巨变，也警示我们要正确地认识环境、爱护环境，理解人与自然的关系。人类唯有与自然和谐共处，才能生生不息。好在环境问题已经引起了世界各国的共同重视。1972年6月5日至16日，联合国人类环境会议在瑞典首都斯德哥尔摩召开。会上通过了著名的《人类环境宣言》，并把6月5日确定为世界环境日。

古人怎么看星星：天文考古

　　我们每次仰望星空，总会被浩瀚无垠的星空深深吸引。借助望远镜，我们已经知道了很多关于星星的科学知识，明白日月星辰的运转规律以及它们对我们生活有着怎样的影响。那么，古时候的人没有望远镜，星星在他们眼中是什么样的呢？

古人眼中的日月星辰

　　在1978年发掘的曾侯乙墓中，考古人员发现了一个特别的彩绘木制衣箱。箱体是方形，箱盖是拱形。箱子内部刷满了红漆，外部刷满了黑漆，黑漆上有用红漆描绘的"二十八宿（xiù）"的图样。箱子盖面的正中央有一个篆文的"斗"字，代表北斗星。考古学家给这个箱子命名为"彩绘《二十八宿图》漆衣箱"。那么，"二十八宿"是什么呢？

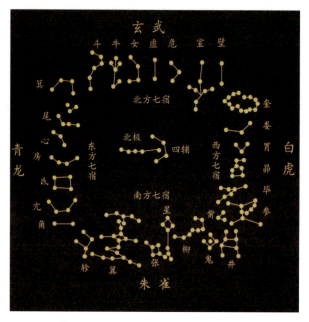

安徽博物院展示的二十八星宿图

　　有文献记载，在我国古代，天文学家把天空中可见的星星分为二十八组，叫"二十八宿"。宿，就是指某些星星的集合体，也称星宿。然后古人根据东、南、西、北四个方位将这些星宿分为四宫，每宫含七个星宿。古人还将各宫所含七宿连缀起来，想象为一种动物，就是大家熟知的东方青龙、北方玄武、西方白虎、南方朱雀，称为"四象"。二十八宿的具体名称与四象的关系是：东方青龙由角、亢、氐（dī）、房、心、尾、箕组成，北方玄武由斗、牛、女、虚、危、室、壁组成，西方白虎由奎、娄、胃、昴（mǎo）、毕、觜（zī）、参（shēn）组成，南方朱雀由井、鬼、柳、星、张、翼、轸（zhěn）组成。二十八宿相当于古人在天空中设定的一个"坐标"，古人可以以此为相对标志观测和描述日、月、五星（金星、木星、水星、火星、土星）的运行情况及其他天象。除此之外，二十八宿又被运用在古代的文学、宗教、占卜等领域，衍生出了许多新内涵。

可以说，"二十八宿"展示了我国古代重要的天文成就。

尽管在战国、秦汉等时期的墓葬出土了不少描绘代表古人天文思想的图像，但是彩绘《二十八宿图》漆衣箱的发现意义重大。其特别之处在于，箱子表面环绕"斗"字完整展示了二十八宿的名称。

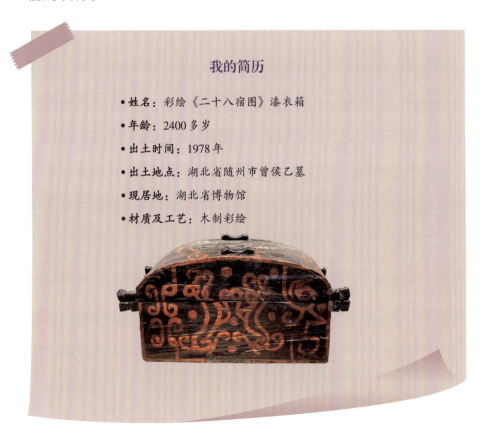

我的简历

- **姓名**：彩绘《二十八宿图》漆衣箱
- **年龄**：2400 多岁
- **出土时间**：1978 年
- **出土地点**：湖北省随州市曾侯乙墓
- **现居地**：湖北省博物馆
- **材质及工艺**：木制彩绘

在彩绘《二十八宿图》漆衣箱出土之前，人们发现的最早完整记录了二十八宿所有名称的是秦末的古籍——《吕氏春秋》。曾侯乙的下葬时间是公元前433年，这说明当时的二十八宿天文体系已经形成，彩绘《二十八宿图》漆衣箱将关于二十八宿天文体系的完整记录时间由秦末提前到了战国早期，直接改写了中国的天文史。

由于古人当时的生产能力有限，对大自然的理解有限，所以他们创造的天象图并不是按照现代天文学理念绘制的，而是充满了古人的想象。他们对日月星辰充满崇拜，认为它们都是神仙的化身，并编造了许多与日月星辰相关的神话故事。

湖南省长沙市的马王堆汉墓出土了一块色彩艳丽、制作精美的招魂幡，形状类似一面"T"形的大旗子，上面画满了图像和花纹，当时的人相信通过它可以将死去的辛追夫人的魂魄招回。

值得注意的是，这面招魂幡上的画生动地再现了2000多年前西汉人想象中的太阳与月亮。左侧，一位漂亮的仙女将弯弯的月牙高高托起，还有一只胖胖的神兽趴在月亮之上。有专家推测，这便是嫦娥与月宫蟾蜍的画像。在右侧的太阳图案中，一只黑色的神鸟安静伫立，下方还有许多太阳围绕在神树旁。这画面简直和《山海经》中描述的十只金乌化身太阳，从扶桑树处升起的传说非常相似！

我的简历

- 姓名：T形帛画
- 年龄：2000多岁
- 出土时间：1972年
- 出土地点：湖南省长沙市马王堆汉墓
- 现居地：湖南博物院
- 材质及工艺：绢本设色画作

古代的天文仪器

当我们的祖先抬头仰望炽热的太阳或浩瀚的星空时，看的绝不仅仅是自然美景，这里面的学问可大着呢。通过观察天文现象，他们学会了记录时间，并据此安排农事、制定立法，这就是"观象授时"。所以，在古代，天文观察可是关系到民生的重要工作。

古人到底怎么"观象"呢？

天文考古会告诉你真相。根据研究，古人发明了日晷（guǐ）、圭表、水运浑动仪、水运仪象台等天文计时器，充当"钟表"，为他们提供时间。其中最古老的计时工具要数圭表。它是由一根横尺（圭）和一根或两根竖杆（表）组成。圭上有特定的刻度，表放在圭的一端或南、北两端，并与圭相垂直。现陈列于江苏省南京市紫金山天文台的圭表就是由一根圭和两根表组成的，这是明朝的时候建造的。在太阳的照射下，古人通过观察表在圭上的投影情况判断这个时候的日影长度，从而确定当时的节令或时刻。

2002 年，考古学家在山西省襄汾县陶寺村南的陶寺遗址发现了一座大墓。墓中有一根木杆，上面用漆涂着黑色、绿色和红色标记。在木杆的旁边，放置着一个具有圆形小孔的玉器——戚。

这些器物在古代的功能是什么？为什么会作为随葬品放置在

🔼 紫金山天文台的圭表（张庆民/摄）

大墓中？这根木杆会不会就是古人观测天象的"圭表"用具呢？

而带有小孔的玉器——戚，是否就是文献中记载的"景符"呢？

有文献记载，当表太高时，表投在圭上的影子会比较虚，看不清楚。这时候景符就起作用了。景符是一个可以移动的带有圆孔的光线调节器，根据小孔成像原理，调节景符的位置，可以让表的影子末端穿过景符后清晰地投在圭上。

考古人员根据陶寺遗址出土的这根木杆制作了1：1的复制

品。2009年6月21日夏至这一天，他们将这根木杆横放，作为圭，另外制作一个竖杆作为表，然后将带有小孔的戚作为景符使用，在阳光下做实验，看这套装置是否能够测量日影长度。12时36分，考古人员看到表的影子末端穿过戚的小孔，清晰地落在横杆上两个红色标记之间的位置。参考古人圭表的读取方法，他们根据横杆读出的节令与古人的记载是相符的。实验证明，出土的这根带有标记的杆应该就是古时计时用的"圭"，谜团得以解开。

陶寺遗址中还有个古观象台，现在看起来，它像一个破旧的

半圆形大土墙，但别小瞧了它。天文考古学家观测研究表明，先民正是靠着它观测日出、判断季节的。这面大土墙的位置，乃至上面的每条缝隙都有独特的作用。

古人在长期观察太阳位置变化的基础上，认识到太阳运动的规律，于是在特定方位修建"土墙"，又在"土墙"的特定位置留下缝隙，再站在特定位置观测太阳与土墙的相对位置的变化情况并记录下来，同时记录下每种情况对应的环境气候特点。这样，此后每当他们站在观象台上观察太阳从哪条"缝"中升起或降落，在土墙的什么方位时，就知道当时是什么季节和时间了。

天文考古立奇功

天文考古不仅帮助我们了解古人是怎么看星星的，还屡立奇功。

在遥远的商周时期，由于文字记载很少，甲骨上或青铜器上也仅仅留下只言片语，我们很难从史册中找到明确、连贯的历史时间轴。这就需要天文考古大显神通了。考古学家从考古资料中的碎片化记载里就考证出了家喻户晓的"武王伐纣"具体发生在哪一年。

《竹书纪年》是约2300年前的历史著作，比大家耳熟能详的

《史记》还要早约 200 年。其中记载，西周时期"懿王元年，天再旦于郑"，就是说在周懿王元年这一年，在郑这个地方，天空亮了两次。可周懿王元年这一年具体是公元哪一年，大家都不知道。书中的"天再旦"引起了考古学家的注意。

为什么会出现"天再旦"呢？这会不会是日全食呢？是否可以通过计算日全食发生的时间来推算周懿王元年的公元纪年呢？

根据现代天文学家的计算，20 世纪在中国可以观测到的最后一次日全食会发生在 1997 年 3 月 9 日。为了探究日全食是否就是古人描述的"天再旦"，1997 年 3 月 9 日这一天，考古学家们赶赴新疆等地，决定多角度观测这次日食，以印证"天再旦"的视觉感受。

从十八个地点寄来的三十五份观测报告显示：日出前天已大亮，这时日全食发生，天黑下来，星星重现；几分钟后，日全食结束，天又一次放明。由此可以判断，日全食带给人的视觉感受与"天再旦"一致，说"天再旦"为日全食的记录是可信的。加上之前科学家运用计算机技术，周密计算出公元前899年4月21日凌晨5时48分发生过日食，并且陕西一带（就是古代的郑地）可以看见日食。这就证明了懿王元年为公元前899年。而已知周朝从武王，历经成王、康王、昭王、穆王、共王到懿王元年的时间是147年，由此也就推断出武王代纣是在公元前1046年。

小总结

通过天文考古，中国古代天文学的历史在我们面前徐徐展开。我们不禁感叹，原来，早在没有望远镜的数千年前，我们的祖先就已经掌握了一套观测天象的方法。正如冯时在《天文考古学》一书中提到的："中国天文学的历史在今天看来无疑可以同世界上的任何古老文明相媲美，这意味着一个具有悠久天文观测传统的民族，它的文明史也一定同它的敬天历史一样深永绵长。"

谁说女子不如男：性别考古

现在我们经常强调男女平等，说女性的地位越来越高了，在越来越多的领域，可以同时看到优秀女性和优秀男性的身影。这是在讨论社会环境中的两性地位。那么在古时候，男性和女性的分工有什么特点？两性地位是怎样的？

"女尊男卑"的母系社会

我们对于古代男女关系的印象大多是"男尊女卑"，但大约在六七千年前，女性的地位更高，只是后来发生了变化。

江苏省苏州市吴中区唯亭镇东北有一个土墩，形状似草鞋，考古学家把这里叫作草鞋山遗址。考古人员在这里发现了中国最早的有人工灌溉系统的水稻田，发掘了目前所知中国年代最早的纺织品实物，并首次在史前墓葬中出土了玉器。

↑ 璜（杨兴斌/摄）

璜为古代玉器，除了见于新石器时代，还常见于商周时期的墓葬，是古代贵族朝聘、祭祀、丧葬时用的礼器，也做装饰用。

玦为古代玉器，呈有缺口的环形，常见于新石器时代、西周晚期和春秋的墓葬，又用作与人决断、决绝的象征物品。

↑ 玦（俄国庆/摄）

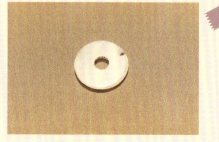

↑ 璧（俄国庆/摄）

璧为古代玉器，平圆形，正中有孔，除了见于新石器时代，还常见于商周至汉代的墓葬，是古代贵族朝聘、祭祀、丧葬时用的礼器，也做装饰用。

苏州市草鞋山遗址出土的新石器时代器物

我们的祖先曾在这里生活了很长时间，年代跨度从距今7000年至距今3000年，正好是人类加速进化的一个重要阶段。社会由母系氏族社会转变为父系氏族社会。

在母系氏族社会里，通行的婚姻方式是"走婚"或者"多偶婚"。在走婚中，男女双方并没有形成固定的配偶关系，彼此没有约束，男方只在女方家过夜然后离开；在多偶婚中，一个部落里的一群姐妹与另外一个部落里的一群兄弟结成群体夫妻关系，也没有形成我们今天熟知的固定的一夫一妻关系。所以，在母系氏族社会里，没有"夫妻合葬"现象。在草鞋山遗址六七千年以前的墓葬中，考古人员就发现了母系氏族社会的这一特点。在遗址的双人合葬墓中，尸骨性别都是同性：男男合葬或者女女合葬。另外，女性墓葬规格高于男性，并且随葬品数量更多种类更丰富。这说明女性地位高于男性。

在草鞋山遗址5000多年前的墓葬中，考古人员发现了两座男女合葬墓，且都按照男左女右的方式埋葬。男性的姿势是仰身，肢体平直；而女性为侧身，有屈从的意味。这说明，那时候部分男性的地位已经高于女性。

这种地位的变化与古代生产生活方式的变化有很大关系。在原始社会，男性负责狩猎，女性负责采集和养育子女，而且那时候狩猎工具不发达，男性与女性的生产力水平可能差不多，甚至

略逊色于女性，所以女性的地位相对较高。渐渐地，男性不断积累经验，提升了狩猎水平，能捕获到吃不完的猎物，并进行驯化和饲养，还学会了建造房屋、耕种农田等，男性的生产力逐渐提升。社会进入到农耕文明时期后，男性在生产中的作用越来越重要，于是男性的地位越来越高，最终形成了"男尊女卑"的局面。

直至今天，仍有很多人认为"男主外，女主内"是比较和谐稳定的家庭模式。不过，我们可以看到，现在越来越多的女性正在越来越多的领域发光发热，这证明女性的智慧和能力并不亚于男性。

商代妇好的多重身份

在封建社会，人们常用"三从四德"来规范女性的行为。"三从"就是说女子没有出嫁前要听父亲的，结婚后要辅助丈夫，丈夫死后要抚养儿子，总之都是以男性为主；而"四德"强调女子的品德、说话、仪态、女红都要好。大多数情况下，女性只是男性的附属物。但是也有一些例外，比如出生于3000多年前的商代妇好。秦代以前，女性的姓在称谓的最后面位置，因此，"好"是她的姓，"妇"是亲属对她的称谓。

妇好可不简单，她身份众多。

首先，她是王后，她的丈夫是商王武丁。甲骨文中多次记载了妇好和武丁之间的事情，如《甲骨文合集》中编号 13925 的甲骨记载："丁酉卜，宾贞：妇好有受生？王占曰：吉，其有受生。"意思就是说，占卜问："妇好怀孕了吗？"武丁亲自判断说："吉利，她怀孕了。"

其次，她是母亲。历史文献里记载武丁有两个儿子，一个是祖己，一个是祖庚。关于妇好是祖己的生母还是继母，学者一直都争论不止。但不管事实如何，她都是孩子的母亲。

　　此外，她还是女将。武丁时代是商朝的鼎盛时期，武丁通过一连串战争将商朝的版图扩大了数倍。而这期间，妇好多次辅助商王平定叛乱，抵御外敌，立下了赫赫战功。

　　妇好死后，深爱她的武丁十分悲痛，给她建了一个巨大的墓穴，还在里边随葬了好多珍宝。随葬的青铜器中以礼器和武器最多，可见她的地位之高。

　　传统观念认为中国古代女性更多的是从事纺织生产，但考古发现，商代少数女性墓葬中还随葬了手工工具、武器，说明商代女性可以从事相关活动。

　　通过性别考古我们可以看到，随着男性和女性生产能力的变化，他们的社会地位也在发生变化。在农耕时代的封建社会，"男尊女卑"的思想尤为严重。其实，自古以来，在男性能干好的各种行业里面，女性的表现也毫不逊色。即使是征战沙场，也有商代妇好这样的女性前辈为我们树立榜样。好在随着文明的进步，女性在现代社会中拥有了越来越多的自主权，她们在很多领域都取得了和男性相同的成就，而不再是男性的附属品。

第四章

各种各样的考古（二）
——发现古人的艺术之美

我们是"颜值控"：美术考古

古人的智慧不仅体现在物质生活中，还体现在他们的精神生活中。大量遗迹表明，古人在纺织、绘画和雕刻方面的工艺水平已经非常高，审美水平绝不输于现代人。很多时候，现代人的创作灵感正是来自古人留下的作品。看看关注"颜值"的美术考古人都发现了什么吧！

纺织之美：素纱禅衣

大多时候，考古学像是一个沉默而低调的大叔，他总是默默地在田野、水下、实验室中工作，很少出现在大家面前。博物馆是展示考古发掘出来的文物的地方，也是考古与大家距离最近的地方。在博物馆中，展出的文物往往富有故事性，而且还"长得好看"，具有观赏性，可培养公众的审美能力。这些美美的展品，大多属于美术考古的研究对象。

美术考古人喜欢关注文物的"颜值"，但又不仅限于颜值。面对文物的美貌，他们总是打破砂锅问到底地提出"十万个为什么"。举个例子，考古人发掘出了汉代的素纱禅衣，轻薄而素净，美术考古人不仅要探究素纱禅衣款式、面料的特点，素纱是如何纺织的，还要研究素纱禅衣是什么时候出现的，为什么这种衣服在汉代会流行，汉代人喜欢朴素简约的衣着吗……

我的简历

- **姓　名**：素纱禅衣
- **年　龄**：约2200岁
- **出土时间**：1972年
- **出土地点**：湖南省长沙市马王堆汉墓辛追墓
- **现居地**：湖南博物院
- **材质及工艺**：蚕丝单经单纬方孔平纹织法

　　素纱禅衣为右衽、直裾，重49克。汉代人描述其薄如蝉翼，"轻若云雾"。多数学者认为它可能穿在锦绣衣服的外面，既可增添华丽感，又可产生朦胧美；也有学者认为它当时是作为内衣穿着的。它是迄今所见最早、最薄、最轻的服装珍品，是西汉时期纺织技术的巅峰之作，代表了西汉养蚕、缫丝、织造工艺的最高水平。

　　除了素纱禅衣，良渚文化中精美的玉琮、汉代名将霍去病墓前的石雕、隋唐时期超级写实的壁画……都是古人留下的艺术珍品，这些珍品常常令美术考古人激动不已。让我们跟随他们的脚步，一起走进中国美术考古的世界，去领略古人的艺术之美吧。

玉器之美：神人纹玉琮王

我的简历

- **姓名**：神人纹玉琮王
- **年龄**：约5000岁
- **出土时间**：1986年
- **出土地点**：浙江省杭州市良渚古城
- **现居地**：浙江省博物馆
- **材质及工艺**：用玉雕刻而成

1986年，考古人员在浙江省余杭区反山12号墓发掘出了这件玉琮。乍看之下，它像个憨憨的方形盒子，但外方内圆，内部有圆柱形的洞贯穿身体。古时候的中国人认为"天"与"圆"象征着运动，"地"与"方"象征着静止，运动与静止的结合则会达到阴阳平衡。他们常常在建筑物和器物中通过"天圆地方"的设计来体现阴阳平衡的理念。因此，很多考古人认为这件玉琮正是古人信奉"天圆地方"的证明。

这件玉琮高8.8厘米，外径17.6厘米，重6.5千克。它不仅形体大，而且做工精美，被视为新石器时代良渚文化的玉琮之首，有"玉琮王"之称。

玉琮王的外壁有精美的兽面神人图画，故又称"神人纹玉琮王"。工匠们用细细的线条把人物刻画得栩栩如生。你看，神人有着棱角分明的梯形脸、三角形的眼角、圆弧形的鼻子与颗颗分明的大牙齿。他头戴华丽的羽毛冠，长长的胳膊向前弯曲，抓着身下神兽的眼眶。而神兽呢，身体十分娇小，却顶着硕大的脑袋。它与神人有着轮廓相似的大眼睛，正盯着你呢。

美术考古人努力探究神人和神兽的秘密，作出了各种猜测。在夹杂着上古神话的古代地理著作《山海经》中就曾记载着，在东南方有"羽民国"，那里的人们身上都长着羽毛。有人据此推测，良渚先民是传说中的"羽人"，玉琮上戴着羽毛冠的神人便是他们画的自画像。

有的人认为画中的人是巫师，神兽是一只老虎。画中的神兽有着大而圆的眼睛和大嘴巴，爪子与牙齿锋利极了，像极了老虎。玉琮上画的便是巫师驾驭猛虎的场景，表达着先民们战胜猛兽或大自然的美好愿望。

雕塑之美：汉代霍去病墓石刻

我的简历

- **姓名**：马踏匈奴（汉代霍去病墓石刻之一）
- **年龄**：约2140岁
- **现居地**：陕西省茂陵博物馆
- **材质及工艺**：用大型石块雕刻而成

↑ 伏虎石刻

↑ 卧象石刻

↑ 卧牛石刻

↑ 野猪石刻

霍去病墓石刻是一组大型石刻群。

你瞧，这里有满身横纹、体型威猛的百兽之王老虎，它似乎蓄势待发，准备随时扑向猎物；有怡然自得的大象和牛正卧倒休息；有头大嘴长的野猪，目光如炬，直视前方……汉代的宫廷石匠以原石的自然形态为基础，通过巧妙的设计，简练传神地雕刻出了各种栩栩如生的动物。这些雕像如同一群粗犷的塞外大汉，"皮肤"粗糙、身躯庞大，气势威武。

在这群石刻中，最引人注目的要数那座《马踏匈奴》了。整个石刻高1.68米，长1.9米，是个大块头。

石刻马儿十分雄健，膘肥体壮，一只前蹄将一个匈奴人踏在身下，威风极了。而匈奴人仰面朝上、躺在地上，左手握着弓、右手艰难地举着箭，他挣扎着，却被马儿死死困住，连胡子和头发都乱糟糟的。

⬆ 汉代霍去病墓石刻之——马踏匈奴

为什么会雕刻《马踏匈奴》呢？

大约2200年前，定居中原的西汉王朝经常受到北边少数民族匈奴的侵扰，汉武帝多次派兵远赴边疆对抗匈奴。那时，年轻的霍去病经常跟随舅舅卫青参加一些军事行动，积累了一定的作战经验，而且他本身属于少年英才，还有满腔的报国志向，因此受到汉武帝的重用。

在汉武帝的安排下，霍去病多次远赴边疆，击退匈奴，直至将匈奴驱逐出汉朝的国土。

可惜霍去病不幸英年早逝，去世时年仅24岁。当时汉武帝十分哀痛，为霍去病建造了豪华的墓葬，并命令工匠雕刻雄浑的石刻陪伴这位英勇的将军。工匠们创作《马踏匈奴》，不仅为了纪念霍去病抗击匈奴的伟绩，更表达了汉朝人民保家卫国的决心。

壁画之美：唐懿德太子墓壁画

我的简历

- **姓名**：唐懿德太子墓壁画局部
- **年龄**：1300多岁
- **出土时间**：1971年
- **出土地点**：陕西省咸阳市懿德太子墓
- **材质及工艺**：用矿物颜料在墙上绘制而成

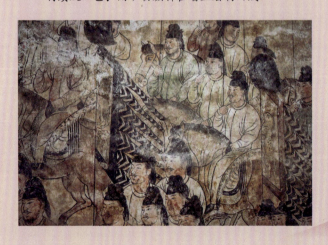

唐代作为中国古代最辉煌灿烂的时期，拥有同样灿烂的艺术。当时的贵族们喜欢修建庞大的地下宫殿作为自己死后的安眠之所，并命令技艺高超的工匠在这些大墓的墙壁、屋顶上描绘自己的日常生活。所以，墓壁上的画通常特别巨大，且十分绚丽。其中，唐代女皇武则天的孙子——懿德太子李重润墓中的壁画尤其精美。

这组壁画不仅面积大，数量也多，达到40多组。壁画中场面盛大，人物众多，细节生动，连人物的胡子都画得惟妙惟肖。在大唐工匠的笔下，大唐盛世被活灵活现地再现。

抬头仰望墓顶，日月悬空、星星闪烁，智慧的唐代人竟然还绘制了银河。墓壁的壁画像一幅连环画，详细记录了太子的生活。远处，城墙绵延巍峨、宫殿华丽，英俊的太子李重润准备出游，侍从们整齐列队，有的骑马，有的步行，一行人前往郊外，表情神气极了。

如此精美、高规格的壁画，其实暗藏着父母对儿子无尽的思念。壁画中的李重润过着神仙般的日子，现实却很悲惨。19岁的李重润不幸在宫廷斗争中死去，他的父母十分悲痛，因此为儿子修建了豪华的陵墓，在壁画中为他营造了没有烦恼的世界。

小总结

美术考古其实是一个"混血儿"，涉及考古学、历史学、美术学等多个学科。它以田野考古调查、发掘为基础，不仅研究文物的美术价值，还从历史的角度研究为什么那个时代可以流行这种美，这种美代表了哪些含义，美丽的文物是如何被制作出来的……了解这些文物背后的故事，才能了解古人关于美的认识，才能在世界文化大交流的当下，理解我们与众不同的中华元素，珍惜我们中华民族的传统之美。可以说，中国美术考古既为我们打开一扇了解祖先审美的窗户，也为我们增添了一双能够发现中华之美的眼睛。

别小瞧中国古乐：音乐考古

　　很多人只知道中国古音乐中有"宫商角徵羽"五个调，似乎比"哆来咪发唆拉西"少两个调。事实真的如此吗？我们的先人平时都用什么乐器？听什么音乐？看看音乐考古人都探索出了什么。

穿越2000多年的钟声

　　1970年，中国第一颗人造卫星——东方红1号卫星在太空中播放起《东方红》乐曲。

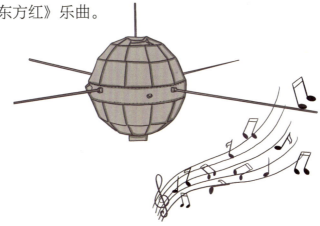

　　这曲《东方红》可大有来头，演奏它的乐器是古代中国人制作的大型乐器——编钟。

　　1956年春天，正是春耕农忙时节，河南省信阳市长台关乡小刘庄村的村民们正在打水井，偶然发现了一个古墓。次年，考古学家在里面发掘了很多宝贝，其中最重要的是一套编钟。编钟家族共有弟兄13个，最大的大哥重约5千克，高30.2厘米。一套编钟从大到小，排列得整整齐齐。

　　更为重要的是，它们"颜值"特别高，身材敦实，身上还有漂亮的花纹。特别令人惊叹的是，它们被埋藏在地下2000多年了，不仅没有伤痕，甚至连细小的腐蚀锈片也找不到。由于长时

　🔻 河南省信阳市长台关出土的青铜编钟（孔兰平/摄）

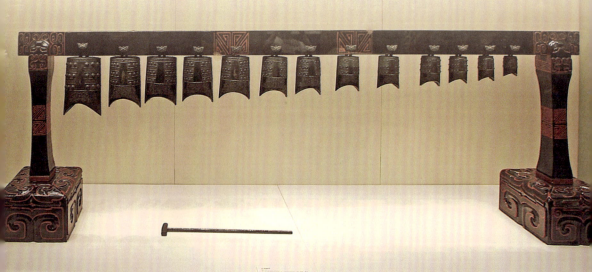

间在地下，它们表面有一层薄薄的黑灰色氧化层，但仍掩盖不住它们铜质的金属光芒。这是1949年新中国成立后考古人员发现的第一套保存完好的编钟，在国内外考古界引起了轰动。

令大家忐忑的是，这些青铜乐器埋藏在地下约两千年，还能发出声音吗？能用来演奏现代音乐作品吗？

事实证明，完全没有问题。

1980年，中国科学院声学研究所的科研人员，运用现代技术手段，对他们进行了测量，发现这些编钟不仅音调准，还都是"一钟双音"，也就是说，敲击同一只编钟的两个不同部位，可以发出两种不同的乐音。

后来，音乐家专程来到河南省信阳市，用这套编钟演奏了《东方红》乐曲，由中央人民广播电台录音，音色恢宏大气。这曲《东方红》因此成为每天广播的开播曲，后来许多车站或学校也用这支乐曲报时。

通过音乐考古，我们聆听到了穿越2000多年的钟声。

"克隆" 千年骨笛

《东方红》是音乐家用古乐器编钟演奏的，但不代表所有出土的古乐器都能随意拿来演奏哦！对音乐考古人来说，既要研究古人的乐器、古人的音乐，又要保护好文物。并不是所有出土的古乐器都像演奏《东方红》的编钟那样结实，有的非常脆弱，根本经不起折腾，连拿取都得万分小心，更别提吹拉弹唱了。那么，对于这些乐器，音乐考古人该怎么做研究呢？

自1984年以来，考古学家在河南省漯河市舞阳县贾湖遗址陆续发现了几十支用丹顶鹤的尺骨（翅骨）制作的骨笛。它们有5孔、6孔、7孔和8孔的，发现的时候还能吹奏出美妙的乐音。

它们已经约8000岁了，是迄今为止中国考古发掘出土的最古老的乐器，也是世界上最早的吹奏乐器。面对这些称得上笛子的"老祖宗"的乐器，专家特别希望对它们进行深入研究：这些骨笛到底是怎么制作的？如何吹奏？乐理是什么？但是由于怕这些骨笛在研究时被损坏，博物馆已禁止直接对骨笛进行吹奏，因此研究一直无法深入。

直到有人"克隆"出了与贾湖骨笛几乎一模一样的乐器，研究才有了突破性的进展。有人利用CT对贾湖骨笛进行了扫描，根据扫描图片进行三维重建，最后采用紫外激光固化快速成型技

我的简历

- **姓名**：贾湖骨笛
- **年龄**：约 8000 岁
- **出土时间**：1987 年
- **出土地点**：河南省舞阳县贾湖遗址 M282 号墓
- **现居地**：河南博物院
- **材质及工艺**：取丹顶鹤尺骨磨制而成

术，"克隆"出了贾湖骨笛的替代品。他们对替代品进行了测音试验，发现它在音准上与本尊几乎没有差别。

结合考古人的研究和音乐家的演奏，我们知道了，约 8000 年

前的贾湖人除了是优秀的猎人、渔夫、工匠、中国最早的农民，也是优秀的音乐家。他们勤劳勇敢、富有智慧、爱好音乐，过着物产丰富、怡然自得的田园生活。

看来，既要保护这些高龄乐器的"身子骨"，又要探索它们背后的秘密，"克隆"乐器真是好办法啊！照着这些古乐器现有的样子，通过精确的测量，复制出与原件一模一样的乐器，就能大大方便音乐考古人的研究工作。

音乐界的"时光机"

你有没有幻想过穿越到几千年前，变身宫廷乐手，或敲编钟，或弹古琴，或吹骨笛，或击鼓，演奏动听而美妙的音乐，在

古人的音乐世界里遨游？

随着科技的发展，音乐考古人"克隆"出了越来越多的古代乐器。如果你爱好音乐，又能坚持学习，或许幻想中的事情很快就能实现。

河南博物院就有这样一个特殊的乐团——华夏古音乐艺术团，专门用"克隆"出的古代乐器进行表演。2000年4月，河南博物院与研究古代音乐的音乐家合作，成立了这个古乐团。当时，博物院"克隆"了中原上古时期最具代表性的近20件乐器，并邀请音乐家前来指导，让表演者穿着与古人同样的服饰演奏这些古代乐器。

华夏古乐团的定期表演现已成了河南博物院的特色之一，每年都有不少游客前去观看。有时候，古乐团演奏庄严肃穆的庙堂雅乐；有时候，古乐团演奏先民与大自然息息相通的天籁。观众不仅可以目睹宏大的王孙诰编钟、庄严的虎座凤鼓、古老的贾湖骨笛、华美的漆绘锦瑟等是如何使用的，还可以真切感受古代音乐瑰丽、清远、神秘的意境。

现在，越来越多的博物馆组建了古音乐艺术团，定期演奏，方便游客感受古代音乐的魅力。这些古音乐艺术团就像幻想电影里的"时光机"，可以带我们穿越到数千年之前，去古人的音乐世界遨游、聆听和感受。

⬇ 河南博物院华夏古乐团表演

华夏古乐可不止"宫商角徵羽"

我们第一次上音乐课的时候，就知道 Do（1）、Re（2）、Mi（3）、Fa（4）、Sol（5）、La（6）、Si（7）这七个音阶。有人说，中国古代音乐只有五声音阶，就是宫、商、角（jué）、徵（zhǐ）、羽，七声音阶是从国外传到中国来的。真的是这样吗？

宫、商、角、徵、羽确实是我国古代最常用的调式，看起来似乎比现代音阶少两个。但是，这只是五个正音，通过音乐考古，我们发现，我国古代音乐中还有变宫和变徵两个偏音。如《战国策·燕策》记载："高渐离击筑，荆轲和而歌，为变徵之声，士皆垂泪涕泣。"《晋书·律历志》记载："清角之调以姑洗为宫……太簇为变宫。"五个正音和两个偏音加起来可以对应现代的七声音阶：宫（1）、商（2）、角（3）、变徵（4）、徵（5）、羽（6）、变宫（7）。

中国古代除了五音，还有十二律，即黄钟、大吕、太簇、夹钟、姑洗、仲吕、蕤（ruí）宾、林钟、夷则、南吕、无射、应钟。这也是古代定音的方法，就是将一个八度分为十二个不完全相同的半音，共十二个调。成语"黄钟大吕"就来自于十二律，用来形容庄严、正大、高妙、和谐的音乐。

　　除了文献记载，考古发掘出的实物也可以证明中国古代音乐的发展高度。有一支长20厘米、口径1厘米的贾湖骨笛，一侧钻有7个音孔，每孔间距基本相等，其中在6孔与7孔之间靠近7孔处另钻一调音小孔。河南博物院研究员李宏曾在接受媒体采访时这样介绍贾湖骨笛："它有两个八度的音域，并且音域内半音阶齐全。这意味着贾湖骨笛不仅能够演奏中原传统的五声或七声调式的乐曲，而且能够演奏富含变化音的少数民族或外国的乐曲。"他还说，"贾湖骨笛已经具备七音阶甚至变化音级，而与之同时期的其他旋律乐器却处于三声以内的音域范围。而七音阶的产

⬇ 河北省曲阳县王处直墓出土的五代白石彩绘散乐图浮雕

生，无疑需要经历一个漫长的历史过程。而我们的实践，强烈冲击了曾经认定的传统音乐以五声为主干的观点，也让我们折服于史前先民那不可思议的创造力!"

小总结

　　音乐考古通过研究、复原和表演，让有形的文物与无形的文化遗产融合在一起，让沉睡几千年的中国古乐复活，生动而立体地呈现在世人面前。不仅让我们有机会穿越时空与先民对话，领略上古音乐的清亮幽远、秦汉民乐的多元魅力、唐宫廷乐的兼容并蓄、宋朝杂剧的诙谐绝妙、明清歌舞的丰富多彩……也向世界展示了中国古代音乐的发展高度。它的灿烂与辉煌证明了华夏古乐可不是只有"宫商角徵羽"，七声音阶早已出现在他们的演奏之中。

金属铸造的魅力：冶金考古

后母戊鼎是历史课本中提到的令人印象深刻的国宝之一，是很多人了解古代青铜器时遇到的第一件文物。它不仅个头大，而且上面还有精美的花纹，背后蕴含着感人的故事。那么，古人在没有现代工业机器辅助的年代，是如何完成这样高难度的大制作的呢？

打造绝美青铜器的秘密武器

3000多年前，正值商代后期，青铜冶炼技术十分发达。当时的人们喜欢制作巨大精美的青铜器，并在上面加上满满的神兽纹饰，使青铜器笼罩着一层神秘的色彩。有很大一部分青铜器是礼器，用于祭祀之类的礼仪场合。著名的后母戊鼎便是商王为祭祀母亲"戊"而铸造的。原来，这件看似冰冷威严的青铜器饱含着儿子对母亲深深的思念。

我的简历

- 姓名：后母戊鼎
- 年龄：约2200岁
- 出土时间：1939年
- 出土地点：河南省安阳市武官村
- 现居地：中国国家博物馆
- 材质及工艺：青铜铸造

后母戊鼎重832.84千克，着实是个大物件。加上器物上的精美纹饰，很难想象在没有机器的手工时代古人是怎么做到的。

要想揭开这其中的秘密，就要靠冶金考古了。

在商周时期，许多体形庞大的青铜器都用范铸法制造而成。小朋友们都知道"模范"这个词语，其实它和范铸法也有不少关系呢。

"模"的本意是按照需要制作器物的样子做出一模一样的样板器物；而"范"就是贴在"模"外，与"模"相反的另一种器物模型。

古人在铸造青铜器时，先用泥塑造、烧制出与设计的器物大小、花纹完全一致的母模，再在母模的外表紧紧贴上泥巴，烧制成陶范。

将陶范分开后，取出内部的母模，然后将分开的陶范重新合拢，之后，熔化合金，将液态的合金注入陶范的范腔里。

等合金冷却后，把陶范取下，就得到一个合金材质的器物，然后对此时还比较粗糙的青铜器物进行清理和打磨加工，使之变成一件精美的青铜器。

失蜡法是中国古代另一种重要的青铜器制作工艺。相比范铸法，它可以制作更繁复精美的花纹、造型。你可以把失蜡法看成范铸法的加强版，它的大部分工艺与范铸法相似。聪明的古人仅仅将范铸法中做"母模"的泥换成蜂蜡，便可以制作出花纹更加繁复精细的青铜器。

采用失蜡法，工匠们再也不用剖开外边的陶范，而是通过加热使蜂蜡融化，就能得到中空的陶范，然后往空的陶范中浇注熔化的液态金属，金属冷却变为固体后，剥掉陶范，青铜器就做好了。据说，用失蜡法可以铸造最小孔径为 1 毫米以下的零件。

直到现在，失蜡法仍在我国的北京、山西、内蒙古、江苏、广东、云南、青海、西藏等省、自治区广泛使用。

1978 年，考古学家在河南省淅川县的一座楚墓中发现了一件 2500 多年前的青铜器——云纹铜禁。它正是用失蜡法铸就的，结构复杂、工艺精湛，令人叹为观止。

根据现存的文献记载，中国最早使用失蜡法工艺的时间是在唐代初年。《唐会要》里记载了高祖武德年间铸造开元通宝一事，

我的简历

- 姓名：云纹铜禁
- 年龄：2500多岁
- 出土时间：1978年
- 出土地点：河南省淅川县下寺春秋楚墓
- 现居地：河南博物院
- 材质及工艺：以青铜为材料，采用失蜡法铸造而成

铸造开元通宝时采用的就是失蜡法。由于印度在唐朝之前就有了失蜡法，所以学界曾认为中国的失蜡法工艺源自印度。然而，云纹铜禁的出土，改变了学界的这一认识。

"禁"是放置酒器的案具，最早出现于西周初年，消失于战国时代。云纹铜禁是春秋时期楚庄王的儿子子庚的随葬品。子庚于公元前552年去世，由此可以推知此禁铸造的年代不晚于公元前552年。这件文物将中国失蜡法铸造工艺的历史向前推了1100年。因此，现在学界认为失蜡法铸造工艺至少在2500多年前的中国就已相当成熟。云纹铜禁的出土，说明失蜡法铸造工艺并非来自国外，而是土生土长的"中国制造"。

铜绿山的青铜神话

大冶（yě），位于湖北省的东南部，"冶"就是熔炼金属，这个地名的意思是"大兴炉冶"，寓意着金属冶炼行业可以兴盛发达。这里还有"百里黄金地，江南聚宝盆"之称。

历史书记载"大冶县有铜绿山，旧产铜"。那铜绿山究竟是一块怎样的土地呢？

1973年秋，铜绿山的采矿工人在工作时发现了13件巨大的铜斧，其中一件铜斧竟然达16.3千克。

第二年春天，考古学家在这里发现了古代的露天采坑，有竖井，有平的、斜的巷（hàng）道。目前已经发现的巷道总长约8000米，真是个庞大的"地下迷宫"。

考古人员发现，古代矿工们不仅已经能够将矿井深入地表以下60余米，甚至还克服了地下水的阻碍——有的矿井位置甚至低于地下水位23米；而且巷道的走向是随着铜矿资源所在位置的变化而变化的，也就是说，哪个地方铜矿厚，含铜量高，古人就往哪个方位开采。

铜绿山漫山遍野都是黑色片状的石头。经过检测，这些石头并非自然形成的石头，而是古代冶炼矿产后留下的含铁量极高的炉渣。经测算，这些炉渣的数量对应的粗铜产量竟然超过15万吨。可以想象，古代这里采矿冶炼的场面多么壮观。

这些炉渣的平均含铜量在0.7%以下，令人震惊，因为这表明当时的冶炼技术已经达到了现代的冶炼水平。在铜绿山对铜的

开采、冶炼和使用代表了当时最先进的生产技术，可以说是那个时代的"最高科技"。

大冶市铜绿山古铜矿遗址是国内发现的规模最大、生产时间最长、冶炼水平最高、文化内涵最丰富的一处铜矿遗址。3000多年前，铜绿山的先民就用勤劳的汗水和智慧铸就了中国的青铜神话。

北京发现的"辽代首钢"

拥有100余年历史的首钢集团地处北京，是我国现代钢铁工业的缩影。谁能想到，900多年前，北京市延庆区也有个庞大的冶铁工厂，被考古学家称为"辽代首钢"。

辽代设"五京"，燕山地带是"五京"之一的"南京"。北京市延庆区大庄科乡位于燕山山脉腹地，考古学家在这里发现了辽代的矿山5处，冶炼遗址4处，居住及作坊遗址3处，还有10座炼铁炉。

冶炼时，工匠们首先得修筑好冶炼炉，然后去寻找炼铁原料，通过燃烧木炭提供冶炼所需要的热量。此外，在冶炼过程中，还要使用风箱、风扇之类的鼓风设备，让炉内保持持续高温。当冶炼完成后，具体产品的流向和经营管理也是一个十分复杂的过程。整个冶炼流程就是一个完整的产业链，每一步都要耗费大量的人力物力财力，需要强有力的机构进行组织协调。

　　这个区域在历史上是宋辽战场的前沿地带，因此这里生产的很有可能是兵器等军用产品，但也可能是生活用具。通过这些遗址，我们不仅可以知道辽代冶铁制钢工艺的流程，也能了解当时冶炼业生产生活的组织管理情况。

小总结

　　数千年前，聪明的先人在一次次实践中摸索到了冶炼的奥秘，征服了铜与铁，创造了辉煌的青铜文明、铁器文明。同时，透过博物馆展出的美轮美奂的古代金银饰物，我们可知古人对金、银的加工技艺也十分高超。另外需要说明的是，青铜并不是纯铜，而是纯铜与锡、铅等金属的合金，与纯铜相比，青铜硬度更高，更容易熔化，而且金属光泽更漂亮，还能抗腐蚀。这也充分说明我国古人很早就已经掌握了多种金属的冶炼技术。值得骄傲的是，很多中国古代的冶金技术和制作工艺在今天并没有落伍，它们在我们现代生活中仍然焕发着勃勃生机。